精益制造006

标准时间管理

图解生产实务

図解でわかる生産の実務
標準時間

[日] 田村孝文 著　李斌瑛 译

東方出版社

图书在版编目（CIP）数据

标准时间管理／（日）田村孝文 著；李斌瑛 译. —北京：东方出版社，2011
（精益制造）
ISBN 978-7-5060-4286-4

Ⅰ.①标…　Ⅱ.①田…②李…　Ⅲ.①制造工业—工业企业管理　Ⅳ.①F407.406

中国版本图书馆 CIP 数据核字（2011）第 167016 号

Zukai de wakaru Seisan no Jitsumu Hyoujun Jikan by Takahumi Tamura
Copyright © JMA Consultants Inc. 2005
All rights reserved
Simplified Chinese translation copyright © Oriental Press.2011
Original Japanese edition published by JMA MANAGEMENT CENTER INC.
Simplified Chinese translation rights arranged with JMA MANAGEMENT CENTER INC.
Through Nishikawa Communications Co.，Ltd.

本书中文简体字版权由北京汉和文化传播有限公司代理
中文简体字版专有权属东方出版社
著作权合同登记号　图字：01-2011-4719 号

标准时间管理
（BIAOZHUN SHIJIAN GUANLI）

作　　者：[日] 田村孝文
译　　者：李斌瑛
责任编辑：崔雁行　高琛倩
出　　版：东方出版社
发　　行：人民东方出版传媒有限公司
地　　址：北京市东城区朝阳门内大街 166 号
邮　　编：100010
印　　刷：北京明恒达印务有限公司
版　　次：2011 年 9 月第 1 版
印　　次：2022 年 12 月第 8 次印刷
开　　本：880 毫米×1230 毫米　1/32
印　　张：8.625
字　　数：152 千字
书　　号：ISBN 978-7-5060-4286-4
定　　价：32.00 元
发行电话：(010) 85924663　85924644　85924641

目录

001

前言

　　如今，以"标准时间"为名的新刊书籍多如牛毛。当出版社询问笔者是否可以写一本入门书时，说实话当时笔者还有点犹豫。　虽然笔者也想趁此机会完成一些整理工作，但心里隐隐地有些担心，因为笔者擅长的是制造业中标准时间的专业管理，然而将其整理成书是否会有市场则心存忐忑。

　　暂且不谈这些杞人忧天的事情，让我们重新思考一下标准时间的必要性，我们会发现最近标准时间在制造业以外的各行各业都得到了越来越广泛的应用，代表性的例子便是餐馆、超市、银行等服务业机构。　其中有一部分机构与制造业一样，需要为了制订人员计划和设备计划而设定标准时间，还有一些政府机关也开始使用标准时间来重新审视人员配置标准以及计划标准。　此外，医院等机构也逐渐开始采取人员配置计划，笔者就曾经参加过 X 光技师的标准时间设定项目。

随着产业界对标准时间需求的日益增长，或许人们对与之相关的入门书的需求也会越来越大吧。

我们都知道标准时间广泛地应用于制造业中，在经营管理上也被视为必不可缺的因素之一，但其有许多方面就连在制造业中也都没有得到正确的解释。 比方说仅用改善作业前后的产量来评价生产率等等。 在改进报告会上我们经常可以看到此类不区分方法改善和绩效改善就盲目进行比较的例子。

总的来说，绩效（也叫工作效率）是指对生产率产生很大影响的、包括积极性和熟练度等在内的人力因素的作用。 最近备受瞩目的单元式生产模式在很大程度上依靠的正是绩效，即个人能力，然而在设计、评价单元式生产时，标准时间是必不可缺的工具。

综上所述，我以为想要正确理解评价生产率的结构以及绩效等概念，以"标准时间"为名的入门书是再合适不过的了。

再者，从评价方面来看，最近许多企业开始使用各种计算机管理系统，然而这些管理系统中载入的标准时间数据是否值得信赖也是一个很大的问题。 无论是生产管理系统也好，还是 CAD/CAM 也好，其数据库中都存在名为标准时间的数据，但这些数据是否符合真正的标准时间？ 使用这些数据的系统是否可以一直沿用下去？

不少负责计算机资讯系统的经营干部和管理人员对此都抱有同样的疑问。

诚然，要在书中全面地回答该问题超出了笔者的能力范围，然而让读者正确理解标准时间的基础则是解决所有问题的出发点。　在这一方面笔者愿尽献自己的绵薄之力，而这也是笔者执笔写作本书的最大动机。

本书首先解说细微动作层面的标准时间，以便让初学者了解制造业中广受信赖的标准时间是如何确立的。但以这种精确度设定的标准时间并非正确的标准时间。

标准时间早在工业工程学（Industrial Engineering）的作业测定（Work Measurement）领域便得到了广泛的研究。　从历史的渊源来看，当初作业测定的目的是为作业人员决定公平的报酬提供基础。　为了得到作业人员和劳动组合的认同，必须科学地（即分析各个动作层面）设定标准时间。

如今在各种计划、预算等领域都可以设定相应的标准时间，根据其目的的不同，有些标准时间并不需要很高的精确度。　但设定过程必须合理，而不能单凭经验和实际成绩来设定。　根据标准时间制定高信任度的计划和预算是留待今后完成的课题，然而服务业等行业也需要向制造业学习设定合理的、科学的标准时间。

不过，本书的主要读者是从事制造业的人群。　除了设定标准时间的负责人以外，笔者还考虑到了以下利用标准时间的人群。

003

● 日程、流程能力、成本等计划的负责人。

● 负责装配流水线平衡、设定工序步骤、工序时间、负责生产设计等方面的生产技术人员及设计技术人员。

● 负责评价现场改善情况和管理绩效的制造部门的监督人员、管理人员。

本书的内容大致可以分为：

1. 标准时间的结构
2. 设定、达到标准时间的方法
3. 缩短所设定的标准时间的方法
4. 标准时间的实际应用方法

标准时间可谓是标准作业方法在时间上的反映。 因此想要缩短标准时间（提高生产水平），就必须改善现在的标准作业方法。 由此，本书用了大量的篇幅来介绍如何改善作业方法（Method）＝方法工程学（Method Engineering）的情况。

在标准时间的实际应用方面，本书重点介绍了绩效管理。 在绩效管理中我们将看到不改善方法就能大大提高生产率的事例，笔者相信日本的制造业可以由此得到一定的战略性启发。

标准时间对高科技、自动化的新型工厂来说也是必不可缺的。 然而近年来日本关于标准时间的文献及研讨会比往年要少得多，本书卷末所附的参考文献中也有不少已经绝版。 特别是意义重大的作业速度评价（Rating）训练所需的评价录像已经完全从市面上消失了，这一现状实在是令人唏嘘。

从这一意义上说，笔者希望本书能够给人们带来重新认识标准时间的契机，同时也希望相关的研究者以及使用者能够更加关心标准时间。

此外，在本书的写作过程中，笔者长年在日本能率协会咨询股份公司的实际咨询经验起到了很大的作用。在此期间也得到各位前辈（特别是绩效管理领域的门田武治先生、标准时间领域的坂本重泰先生）的诸多指教，借此机会向两位前辈表示由衷的感谢。

同时，日本能率协会咨询中心（MOST 事务局、MTM事务局）的赤迫知江子女士热心地为笔者提供参考资料，此外，M&E 经营研究所的桥本贤一先生的著作也使笔者受到诸多启发，还有日本能率协会数码工厂研究会的中森清美女士、提供软件相关信息的攻击型生产管理系统 TPiCS 研究所的二之宫良夫先生，在此向各位表示衷心的感谢。

田村孝文
2005 年 6 月

第 1 章
如何使用标准时间

本章内容的解说流程如图 1-1 所示。

1-1 标准时间的相关业务

如今，制造业是以怎样的形式使用标准时间（Standard Time，常简称为 ST）的呢？ 让我们来看看具体的例子。

在生产管理系统和日程管理系统的数据库中，有如图 1-2 所示的"标准时间"和"整备时间"两个项目。 该图表示了生产管理系统中的作业监控。 一些计划负责人根据标准时间来估算生产周期和交货日期，或是制订日程计划和能力计划等。 此外，在计算成本或预估成本之际，一些会计部门的成本负责人也能通过"标准时间×生产数量×工资率"等形式接触到标准时间这一概念。

002

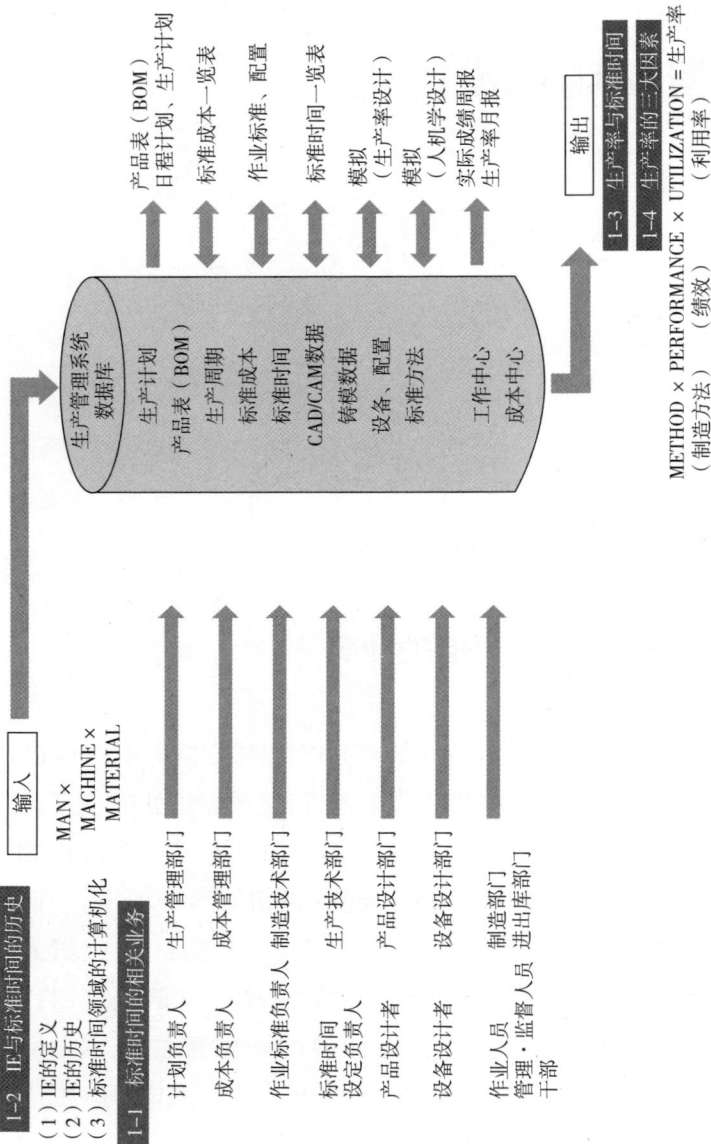

图1-1 第1章概要 如何使用标准时间

1-2 IE与标准时间的历史
(1) IE的定义
(2) IE的历史
(3) 标准时间领域的计算机化

1-1 标准时间的相关业务

计划负责人	生产管理部门
成本负责人	成本管理部门
作业标准负责人	制造技术部门
标准时间设定负责人	生产技术部门
产品设计者	产品设计部门
设备设计者	设备设计部门
作业人员	制造部门
管理·监督人员	进出库部门
干部	

输入

MAN ×
MACHINE ×
MATERIAL

生产管理系统
数据库

生产计划
产品表（BOM）
生产周期
标准成本
标准时间
CAD/CAM数据
铸模数据
设备、配置
标准方法

工作中心
成本中心

产品表（BOM）
日程计划、生产计划

标准成本一览表

作业标准、配置

标准时间一览表

模拟
（生产率设计）

模拟
（人机学设计）

实际成绩周报
生产率月报

输出

1-3 生产率与标准时间
1-4 生产率的三大因素

METHOD × PERFORMANCE × UTILIZATION = 生产率
（制造方法）（绩效）（利用率）

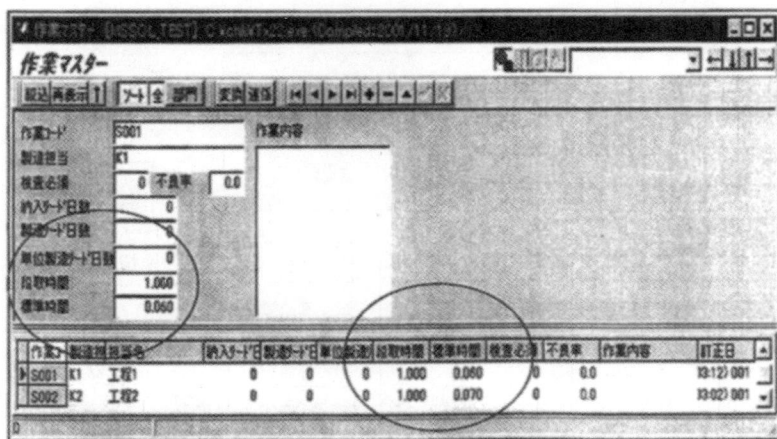

图 1-2 生产管理系统中显示的标准时间与整备时间

此外，在生产技术部门，既有实际设定标准时间的负责人，也有使用标准时间维持装配流水线平衡的生产技术人员和标准时间的设定者。 此时，多类少量型生产和单类型生产的车间究竟是该采用流水线作业，还是该采用单元式生产呢？ 最近不少制造业的技术人员开始对两者进行比较和探讨，而比较的基准正是标准时间。

再者，设计技术人员也与标准时间有一定的关联。正如图 1-3 所示，使用模拟软件可以直接从终端上 3D 的 CAD 画面中看到机床的加工作业及装配作业的流程步骤及时间，并可以使用标准时间来设计、评价产品、零件及治具等等。 此外，负责工作简易度生产设计的设计技术人员也会用到标准时间。

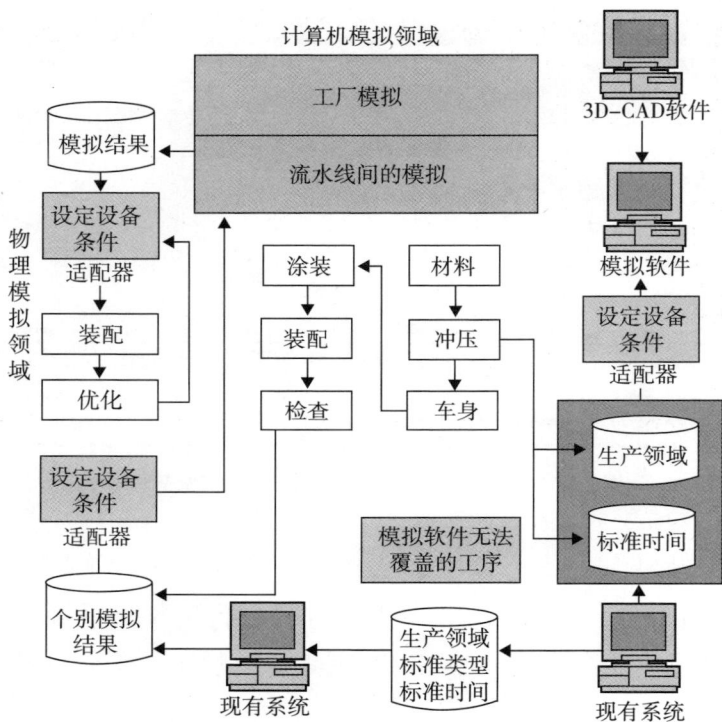

图1-3 基本的模拟图象(工厂类)

生产现场的作业人员在进行作业时，会注意自己的作业速度与标准时间相比是快还是慢。 也有一些制造部门的监督人员和管理人员会拿自己公司的中国工厂和美国工厂进行比较，并探讨哪家工厂的效率更高。 此时需要探讨的课题为标准时间有何不同、其达成率达到了多少等等。

同时，标准时间对如何在激烈的企业竞争中取胜之类的战略性问题也是极为重要的因素。 从这方面来看，相信不少制造部门的高层管理人员都会关心低成本的竞争企业（Competitor）还能持续存在多久吧。

在全球化竞争的背景下，是将生产投入低成本的外国工厂，还是投入国内的工厂？ 最近此类问题已经发展成了战略性课题，同时也有一些企业将缩短国内工厂的标准时间、提高标准时间的达成率、降低成本等制造方面的战略视为决策的基准。

综上所述，除了制造工厂以外，标准时间还与企业内其他各部门的工作有着密切的关联。 在这些工作中，根据时间及成本等因素进行定量评价的基础正是标准时间。

然而，最近越来越少的企业能够设定正确的技术标准时间（Engineered Labor Standard），并对该数据进行合理的维护管理。 因此，管理工作及决策工作是否得到有效地执行已成为眼下的课题之一。

1-2 IE 与标准时间的历史

（1）IE 的定义

标准时间是经营技术的分支之一——工业工程学（Industrial Engineering，以下简称为 IE）领域经过长年研究而确立的经营管理学的基础概念之一。 如前所述，

005

除了制造业以外，政府机关、服务业及医院在计划成本及工时之际，有时也会研究和应用标准时间。

在详细介绍标准时间之前，笔者想先谈谈 IE 技术。IE 领域最有名的《工业工程学手册》将 IE 定义如下：

"IE 是对人、材料、机器设备、能源等相关的系统进行导入实施、设计、改善的学科。它综合运用数学、物理、科学领域的知识、技术以及各种原则和方法，结合技术性分析及设计，对该系统所取得的成果进行确认、预测和评价。"

该定义是在 IE 发展覆盖到各个领域时才出现的，所以稍微有点抽象。想要理解标准时间，就必然会涉及 IE，因此笔者对该定义稍作了补充。

①IE 是一门管理技术

定义中指出 "IE 是对人、材料、机器设备、能源等相关的系统进行设计、改善、实施的学科"，然而事实上 IE 从始至终都是一门经营管理（Management）的技术，其核心在于系统中的人力因素。管理系统依靠的是相关人员的想法与决策，因此这一点与普通的技术不同。

②IE 中"评价"的含义

IE 意味着与经营管理相关的新系统的确立过程，它一方面对该系统所取得的成果进行确认、预测和评价，另一方面对新系统进行设计、改善、导入和实施。然而从历史渊源来看，IE 原本出自作业的测定系统，因此其拥有"评价"的特点。"没有测定就没有管理"（详见后述）一语正是出自于此。

③科学生产率的评价

IE 在评价作业的生产率时一直十分重视科学研究，因此标准时间被誉为生产率的科学性指标。 这点在经营管理系统的设计上也没有改变。 在此举出一例，让我们来看看标准时间在该领域中发挥的作用。

比方说有一项报告声称通过改善作业产量翻了一番，生产率达到以前的 2 倍。 我们经常可以在现场改善的报告中看到此类例子。 然而这真的是改善作业所取得的成果吗？ 如果有人反问说这是不是由于作业人员的努力加快了作业速度呢？ 相信我们也很难找到强有力的反驳证据吧。

关键是我们必须区分生产率的两个方面。 一是通过改善方法而提高生产率，一是通过作业者的积极性变化而提高生产率（当然有时也会降低）。 如果不将两者区分开来的话，就难以回答以上的疑问了。

标准时间可以将方法与积极性（即人力因素）区分开来。 通过实际产量与标准时间换算出的产量比率即是"积极性的生产率"。 此时在改善作业（改变方法）的前后，标准时间会发生改变。 而改善前后的标准时间的比率即是"方法的生产率"。 上述的 2 倍生产率中同时

007

存在这两方面的因素，因此评价说 2 倍生产率全部都是改善作业取得的成果并不科学。

由于 IE 的"评价"中存在这种分析思考的传统，有些人批判说其太过严格，然而事实证明，"积极性的生产率"可以轻松地达到倍增的效果。 可以说最近盛行的单元式生产系统即是重视这种人力因素的方法。

④基于事实的定量分析与综合化

IE 定义的另一个特点是"设计"。 提起设计这个词，大家或许会联想到设计物理机器，然而这儿的设计是指设计工作计划，通过各种方法有效地达到经营管理的目的。 目的只有一个，但方法可以有许多。 设计的重点是基于事实进行定量分析，并总结出与最终附加价值直接相关的方法（即综合化）。

尽管在定义中没有出现，但在设计中彻底排除浪费也是 IE 的特点之一。 IE 技术人员（生产技术人员）的活动更是不断培养发现浪费的能力，彻底思考排除浪费的方法，而这也是他们工作中必须具备的态度。

⑤实践胜于理论

IE 的宗旨是进行科学的研究，然而 IE 是一门实践性技术，因此不需要连篇累牍的理论。 被誉为丰田生产方式创始人的大野耐一先生在生前曾说过以下一段话：

"心里熟悉的事情一旦实际去做就会碰到各种问题，难以顺利完成。 嘴里老是说着理想啊脱离现实的理想啊之类的也无济于事……无论如何，我们都应该努力去实践，或是挑战自己究竟能做到哪个地步。"

笔者也屡次听到过社团法人日本能率协会的资深顾问提到"实践胜于理论"这句话，大野先生也将这句话作为丰田式 IE 教科书的前言标题留给后人。

标准时间的前提是最佳方法，然而随着时间的流逝，该最佳方法也可能会落伍。 丰田汽车认为生产需要进行无限的改善，标准时间也会随之不断发生改变。

IE 中的标准时间是生产率的科学性指标，但这并不意味着它是永恒不变的。 相反，如果因为标准时间一直在发生改变就认为其没有意义也是错误的看法。

（2）IE 的历史

从历史角度来看，IE 起源于对作业人员的作业研究。

弗雷德里克·温斯洛·泰罗是 IE 学科的创建人之一。 他曾说过一句名言，"没有测定就没有管理。"泰罗在 19 世纪 90 年代将秒表应用于生产工厂，是全球首位测定作业人员的作业时间的人，到目前为止，IE 已经拥有了 110 多年的发展历史。

其间，生产技术人员（Industrial Engineer）研究、开发了各种标准时间的设定方法及应用方法，而这些方法也为各大工厂提高生产率、缩短生产周期、降低成本作出了巨大的贡献。

美国自 20 世纪 20 年代进入大批量生产时代以来，人们逐渐认识到标准时间的重要性，并开发了各种 IE 技术。 其流派主要分为两种，如图 1-4 所示，一种是泰罗

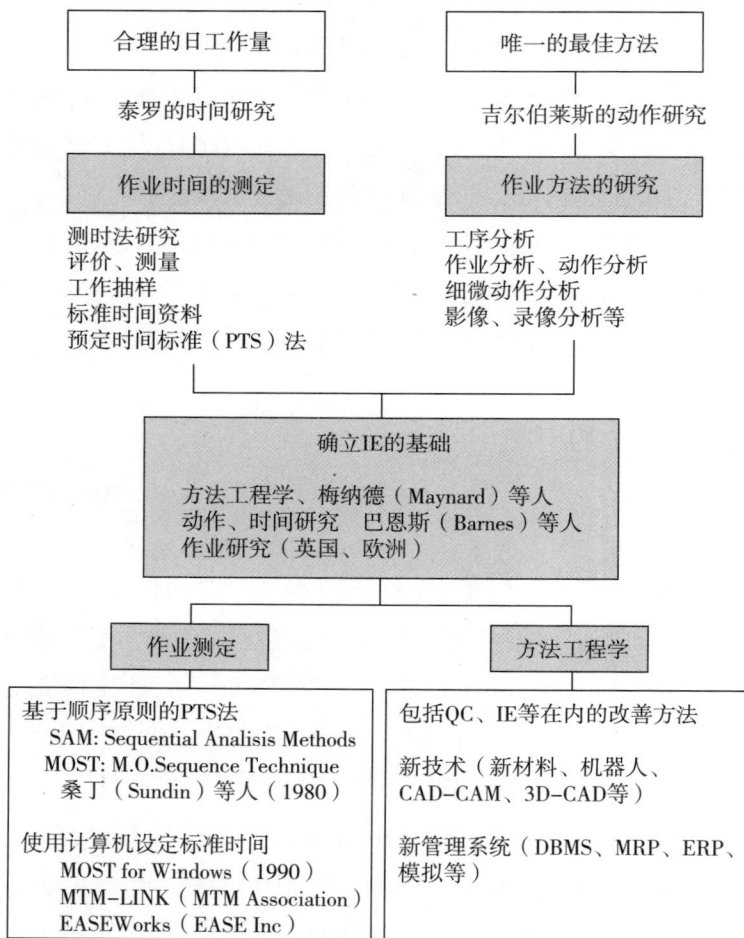

```
┌──────────────────┐          ┌──────────────────┐
│   合理的日工作量   │          │   唯一的最佳方法   │
└────────┬─────────┘          └────────┬─────────┘
      泰罗的时间研究              吉尔伯莱斯的动作研究
┌────────┴─────────┐          ┌────────┴─────────┐
│   作业时间的测定   │          │   作业方法的研究   │
└────────┬─────────┘          └────────┬─────────┘
 测时法研究                     工序分析
 评价、测量                     作业分析、动作分析
 工作抽样                       细微动作分析
 标准时间资料                   影像、录像分析等
 预定时间标准（PTS）法
```

┌──┐
│   确立IE的基础   │
│   │
│ 方法工程学、梅纳德（Maynard）等人   │
│ 动作、时间研究 巴恩斯（Barnes）等人   │
│ 作业研究（英国、欧洲）   │
└──┘

```
┌──────────────┐                    ┌──────────────┐
│   作业测定    │                    │   方法工程学   │
└──────┬───────┘                    └──────┬───────┘
```

```
┌──────────────────────────────┐  ┌──────────────────────────────┐
│ 基于顺序原则的PTS法            │  │ 包括QC、IE等在内的改善方法      │
│  SAM: Sequential Analisis     │  │                                │
│  Methods                      │  │ 新技术（新材料、机器人、        │
│  MOST: M.O.Sequence Technique │  │ CAD-CAM、3D-CAD等）            │
│  桑丁（Sundin）等人（1980）   │  │                                │
│                               │  │ 新管理系统（DBMS、MRP、ERP、   │
│ 使用计算机设定标准时间         │  │ 模拟等）                        │
│  MOST for Windows（1990）     │  │                                │
│  MTM-LINK（MTM Association）   │  │                                │
│  EASEWorks（EASE Inc）        │  │                                │
└──────────────────────────────┘  └──────────────────────────────┘
```

图 1-4　IE 的两种流程

的时间研究，另一种是吉尔伯莱斯的动作研究。 时间研究通过 20 世纪 30 年代在美国大陆统一试行的"合理的日工作量：A fair days work"的概念等发展为测定作业（Work Measurement）的测量评价技术（评价作业速度的技术，详见后述），而动作研究追求唯一的最佳方法（One Best Way），后发展为详细研究、分析作业的方法工程学（Method Engineering）。

现在日本仍然有一些企业进行草率地生产率管理，将生产率的指标视为平均每人的生产数量或是每人每小时生产的吨数等等。 而美国重视效率工资制，对生产率的测定要求十分严格。 因此，许多专业人士在研究各种工作"究竟需要花费多长时间"，"是否应该花费这些时间"，并在寻找合理缩短时间的方法。

其中受众最广的是作业时间的评价方法，即绩效评价系统（Performance Rating System），劳里（Lowry）、梅纳德、斯坦门丁（Stegemerten）三人于 1940 年通过《动作、时间研究》（*Motion，Time Study*）一书介绍了该评价方法。 为了推算出标准的时间，该方法结合技术、努力、持续性和达成率（绩效）四大因素来进行评价。 然而，由于设定的标准时间是建立在时间研究的评价这一主观判断之上的，因此当时的劳动工会对标准时间的基准是否适用于效率工资制尚抱有疑问。 在该背景下，通过梅纳德、斯坦门丁与约翰·施瓦布（John Schwab）的共同努力，评价系统的构思得到了发展，他们还开发了名为 MTM（Methods Time Measurement）的方法。 该方法即是如今在全球得到广泛应用的 MTM－1，不需要通过评价进行主观判断。

MTM 有时被称为标准资料。 简单地说就是预先为各种细微的动作设定一个时间值，并通过这些动作时间的累积值来设定标准时间。 因此，在这一前提下开发的 MTM 被称为预定标准时间系统（Predetermined Time Standard）。 预定标准时间系统中还包括其他的工作因素（Work Factor）及工时推算方法（MODAPTS），这些都运用到了实际的商品中，从上世纪 60 年代开始以欧美为中心得到了普及。

在第二次世界大战后的 50 年代到 60 年代，日本 GHQ 除了聘请在质量管理领域赫赫有名的戴明（Deming）博士及裘兰（Juran）博士以外，还聘请了 IE 领域的巴恩斯（Barnes）博士及蒙德尔（Mundel）博士。 通过这两位博士的介绍，日本也引进了此类技术（IE 及标准时间），且产业界、教育界及政府部门都派人参加了技术培训，并努力促进了该技术的普及。

直接接受了巴恩斯博士和蒙德尔博士指导的人员中，除了大学教授和企业技术人员，还有生产率总部及日本能率协会等专业组织的顾问等人士，这些人努力推动了 IE 在日本的广泛传播。 特别值得一提的是，IE 对 60 年代钢铁及造船等重工业的复兴、发展作出了重要的贡献。

综上所述，随着 IE 的普及，标准作业方法和标准时间等概念在产业界获得了一席之位。 而从 20 世纪 70 年代到 80 年代，家电与汽车产业的迅速发展带来了对高度生产率的需求，此时人们进一步认识到了标准时间的重要性。 如今在闻名全球的丰田型 JIT（Just In Time）中，作业标准与标准时间仍发挥着重要的作用。 可以说，拥有设定、改善标准时间技术的 IE 是支撑日本经济高速发展的幕后助手。

世界各国都为日本经济的高速发展惊叹不已，并且对日本生产技术力的高度表现出额外关注。 如今，随着工厂逐渐转移至人工费较低的东南亚各国，这一出色的生产技术也发生了转移，甚至威胁到了日本国内制造工厂的存亡。

随着制造业在全球化的发展，日本国内制造业的空洞化状态颇让人担忧。 此时为了创造真正的附加价值，重新审视生产技术力已经成为了刻不容缓的课题。 因此，我们需要重新认识到 IE 及其基础——标准时间的重要性。

让我们来看一个例子，图 1-5 是笔者以前参加过的一家美国印刷机装配工厂提高生产率的项目。 该生产率建立在设定标准时间的基础——作业绩效管理（详待后述）之上，同由于自动化设备提高的生产率进行了区分。 我们可以看到，即使是这种使用自动化设备和机器人的尖端工厂，通过 IE 改善也能大幅度地提高生产率。

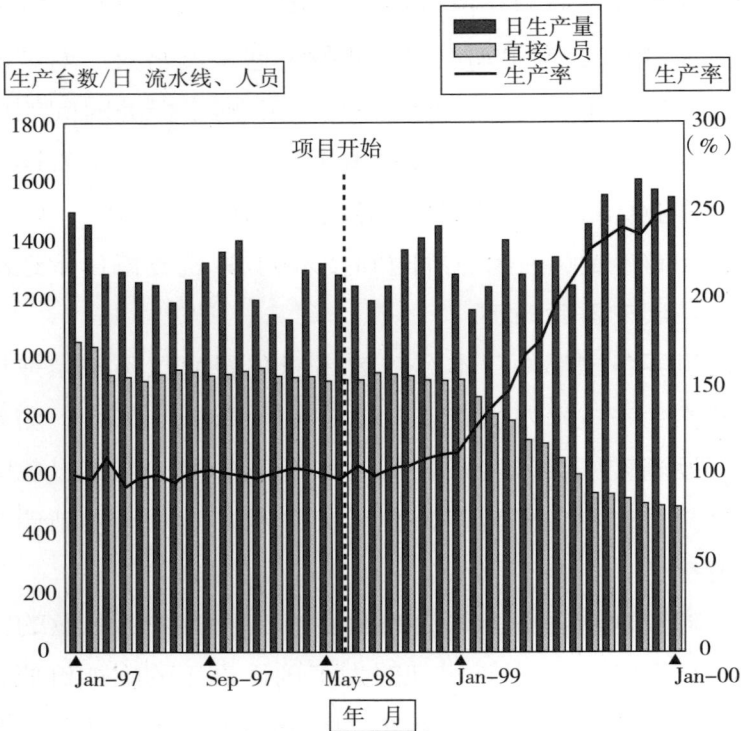

图 1-5 生产率变化的例子

（3）标准时间领域的计算机化

IE 一直在不停地发展。 我们已经介绍了在 20 世纪 60 年代中期，IE 的标准时间领域中最早使用计算机工具的一些例子。 之后这些工具也广泛地应用于作业测定、模拟等各种领域。

图 1-6 表示了标准方法与时间信息在经营管理中的位置。 比方说 CAD（Computer Aided Design，计算机辅助设计）是设计的计算机化，而使用 CAD 系统需要建立技术数据库（D/B），这一数据库中基本上都加载有标准时间。

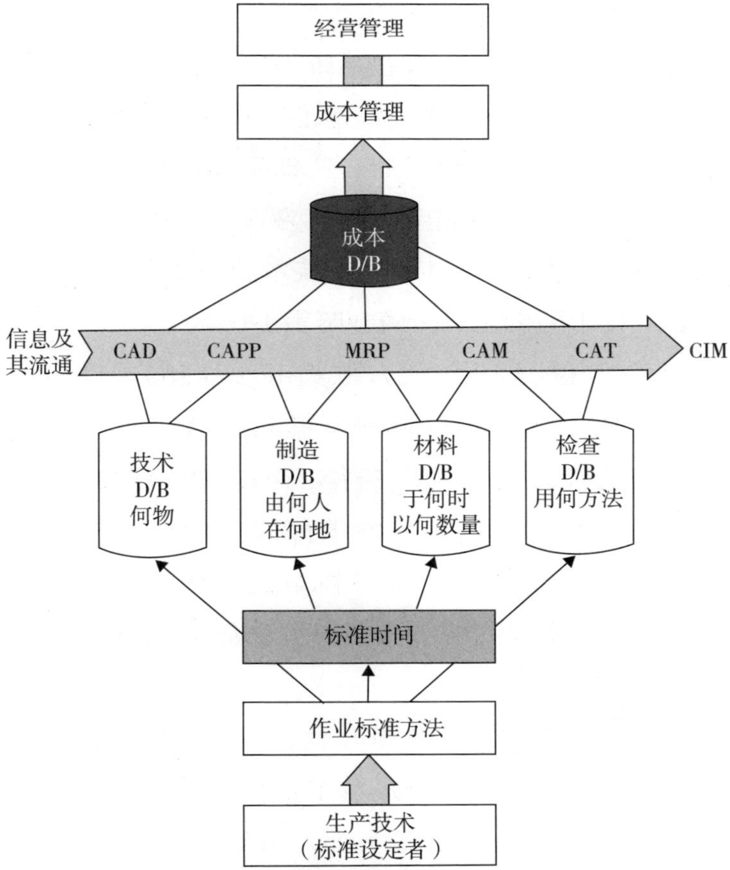

图 1-6 经营管理中标准方法与时间信息的定位

015

此外，MRP（Material Requirements Planning，物料需求计划）是生产管理领域必需的系统之一，该系统的数据库中也包括了标准时间。 也就是说，此类与制造业相关的计算机系统的数据库中都需要包含标准时间，这样可以将时间及成本的累积计算结果反映到生产管理与成本管理之中。

受此类设计及生产管理系统的影响，如今市面上还出现了通过计算机测定作业的系统。 初期的系统只能应用于大型服务器，而最近的一些新系统已经可以应用于普通的计算机，这种使用计算机来设定技术性标准时间（Engineered Work Standard）的技术已经成为了生产系统中重要的技术因素之一（请参照表1-1）。

到了20世纪80年代，欧美IE部门的规模有所缩小，许多IE技术人员被调任至其他部门。 结果，这些标准时间的设定与管理业务得到缩减的企业展开了技术方面的生产率竞争，并力求拓展更为广泛的生产技术业务。 在这一时期，计算机及其应用技术为技术人员每天的工作带来了极大的帮助。 标准时间的设定与管理也是如此。

从20世纪70年代到80年代，为了适应日益增加的作业负荷，一些企业自行开发了各种计算机软件，同时CAPES、MOST Computer Systems、MTM/4M等软件也被引进至日本。 当初这些系统均在MS-DOS中启动。

表 1-1 生产系统的技术因素

	需要使用计算机的项目	技 术 因 素
研究开发	● 研究开发管理 ● 研究开发信息管理 ● 研究开发计划 ● 研究评价 ● 研究投资的决策 ● 实验、测定、解析	PERT、CPM、PPBS、成本有效性、Delphi 方法、模拟、矩阵方法 LABO Automation、CAE、CAT、实验计划法
产品计划	● 自动化设计、CAD ● 最合适设计 ● 设计计算 ● ENG 数据的文档与管理	图形处理、标准化、GT、VR、配置管理、设计评审模拟、可靠性工程学、FTA、FMEA、有限元方法、应力分析、振荡计算、强度计算、危机速度
生产计划与管理	● 生产计划(数量) ● 调度 ● 库存管理 ● 材料、订购、外包管理 ● 质量管理 ● 成本管理 ● 设备管理	需求预测、市场模型、指数平滑法、外插法、调度方法、动态编程、LP、物料清单展开、MRP 库存管理技术 自动订货 各种 QC 方法、抽样检验、管理图、实验计划方法、方差分析 故障诊断、自我修复、自动化维护
生产准备	● 制定流程计划 ● 设计治具 ● 零件加工程序 ● 作业标准、标准时间	CAPP、ART、EXAPT、ADAPT GT、CAD/CAM 一体化、形成 NC 数控线、数码增补 CAPES、MTM-1, 2, 3、MOST、时间研究、工作抽样
加工	● 机床群管理 ● 流程管理 (铸造、塑料成型、机械加工、机器人等) ● 机床的 NC 控制	控制理论、测量技术、伺服技术 闭锁控制、应用控制、最佳化控制、自动工具交换、工具识别、库房分度工具管理、检查工具损伤、工具寿命管理、机器人、交换工作台、FMS、MC/NC 控制
装配	● 装配、流水线平衡 ● 装配系统计划/设计 ● 装配系统管理 ● 物料装卸 ● 操作自动装配机	平衡流水线的技术、装配系统的设计技术、分量理论 动态编程 通用电源线、智能型机器人、传感器

	需要使用计算机的项目	技　术　因　素
检查	● 检查零件 ● 检查产品性能 ● 分析数据	生产工序检测、传感器、自动检查机器、自动试验机器、自动识别机器 自动分选机器 CAT
运输	● 运输成本、时间的最佳化 ● 仓库管理 ● 卡车、运送的最佳化	库存管理技术、自动仓库、输送机、无人搬运库、传输机器人、自动分类机、分选机

　　到了 90 年代，微软推出的 Windows 操作系统成为了包括作业测定在内的大部分生产技术相关软件的标准平台。 最近，使用计算机进行作业测定或是设定标准时间的系统中还出现了应用客户伺服器（Client Server）的高效系统。 系统效率的提高还推进了标准时间设定系统与上述设计、开发、生产管理系统的共同使用。

　　如今缩减的 IE 部门能够比 60、70 年代的 IE 部门完成更多的工作，这正是多亏了计算机系统的发展。 也就是说，使用计算机系统能够大幅度地缩短标准时间设定的时间及管理所花费的时间。

　　从 50 年代到 60 年代，人们相继开发了各种功能及方便设定的 PTS（预定时间系统），并将其推广至全世界。 如今其中的一些系统已被淘汰，而在标准时间数据的计算机系统中，MOST for Windows 和 MTM－LING（详待后述）的普及率最高。

　　这些系统与制造管理部门的 3D CAD 相结合，可以在模拟软件等程序上反映标准时间，常被应用于以下方面：通过人机学剖析现场作业、分析复杂型产品的装配性、分析复杂型生产系统的运转情况、讨论半成品、事先探讨自动机床的治具和零件所经的途径与作业人员之间的干扰情况等等。

本书将依次介绍这些标准时间的含义与意义、其设定方法、在生产现场达到该标准时间的方法以及各部门运用、有效利用标准时间的方法。希望各大企业与工厂能够正确理解与设定标准时间，有效地提高生产率，缩短生产周期。

1-3 生产率与标准时间

无论全球化如何向前发展，低价、简便、迅速、准确地制造产品是制造业永恒的目标，今后对这种生产技术的需求也会越来越大。在 IE 领域中我们用生产率（Productivity）来表示、测定与管理"低价、简便、迅速、准确"。

也就是说，并非制造越多的产品就越好，生产率指的是通过投入（资源：人力、设备及时间）可以获得多少产出（产量：产品或服务）。

使用标准时间可以将劳动生产率、设备生产率用以下算式表示：

$$生产率 = \frac{产出}{投入}$$

$$
\begin{aligned}
劳动生产率 &= \frac{产量}{投入的人力所消耗的时间} \\[2mm]
&= \frac{产量 \times 标准时间}{人数 \times 上班工时} \\[2mm]
&= \frac{产出工时}{作业工时} \times \frac{作业工时}{上班工时} \\[2mm]
&= 作业绩效 \times 工时利用率 \quad\quad\quad (1)
\end{aligned}
$$

（单位为工时，即 Man·Hour（MH））

$$
\begin{aligned}
设备生产率 &= \frac{产量}{投入的设备所使用的时间} \\[2mm]
&= \frac{产量 \times 设备的标准时间}{设备台数 \times 可使用时间} \\[2mm]
&= \frac{产出时间}{设备运转时间} \times \frac{设备运转时间}{可使用时间} \\[2mm]
&= 设备绩效 \times 设备运转率 \quad\quad\quad (2)
\end{aligned}
$$

（单位为 Machine·Hour（H）即台·时间）

在上述（1）（2）算式的基础上，再考虑到标准时间本身的好坏，即标准作业方法（制造方法）的水平高度，可以用以下算式来表示。

$$
\begin{aligned}
劳动生产率 &= \frac{标准工时}{上班工时} \\[2mm]
&= \frac{标准工时}{作业工时} \times \frac{作业工时}{上班工时}
\end{aligned}
$$

$$综合生产率 = \frac{创造附加价值的工时}{标准工时} \times \frac{标准工时}{作业工时} \times \frac{作业工时}{上班工时}$$

$$= 制造方法 \times 工作效率 \times 工时利用率$$

这里用工时（人·时间，设备的话是台数·时间）来表示标准时间的单位，设备所消耗的工时则意味着台数·时间。

前文中也提到过，改善后缩短的标准时间（即这里的创造附加价值的工时）与改善前的标准时间的比率即是制造方法（Method）的改善部分，上述算式用"制造方法"来表示。

而实际产量（即这里的作业工时）与根据标准时间换算后的产量（标准工时）的比率即是"绩效"，它指的是积极性、熟练度等人力因素所决定的（特别是由作业速度所决定的）效率，英语中将其称为"Performance"。即：

$$综合生产率 = METHOD \times PERFORMANCE \times UTILIZATION$$

$$= M \times P \times U$$

M、P、U 分别是制造方法（Method）、绩效（Performance）与利用率（Utilization）的首位字母。与设备生产率一样，M、P、U 也可以用乘法来表示。关于支付薪酬工时和设备可使用时间的关系请参照图 1−7 和图 1−8。

支付薪酬的工时

上班工时

除去社会性、对外的工时

带薪休假等

作业工时

实际生产（标准）工时

利用率损失

厂长责任损失·公司活动、停电等

科长责任损失·等待材料、发生故障、教育等

监督人员责任损失·早会、清扫、碰头会等

创造附加价值的工时

绩效损失

技术、作业速度损失

细微的中断损失

责任在作业人员的次品损失

忽视标准方法的损失

方法损失

设计产品造成的损失

制造方法造成的损失加工条件等

使用材料造成的损失

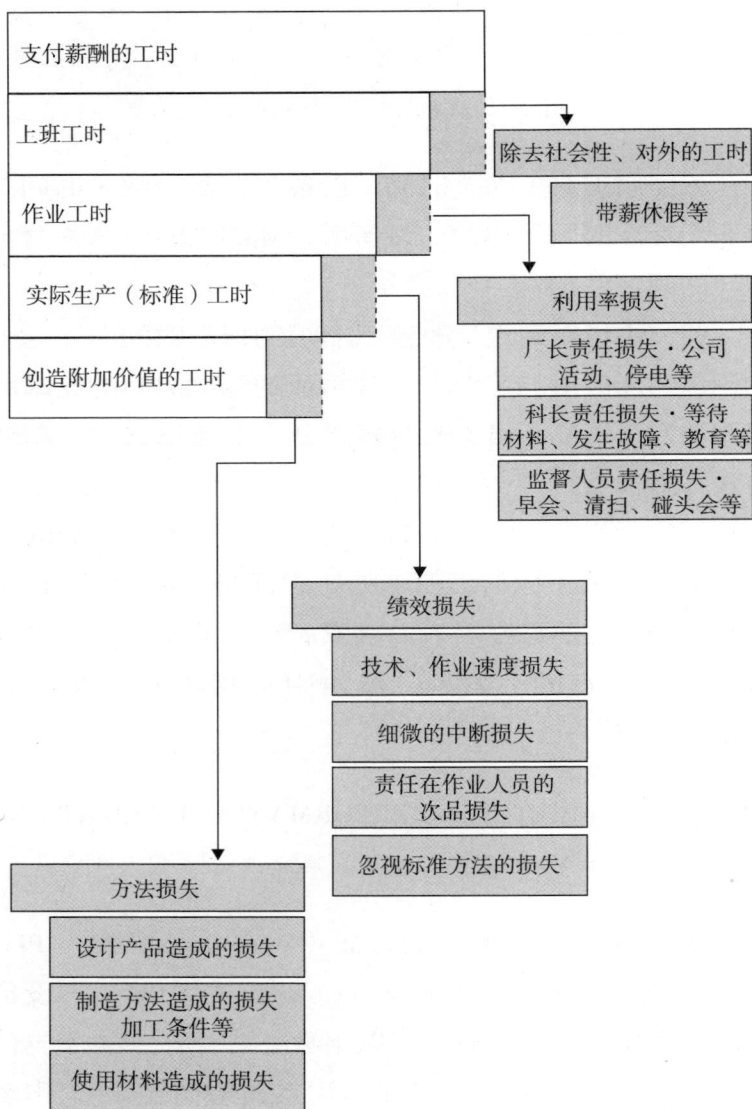

图 1-7　投入工时与标准工时

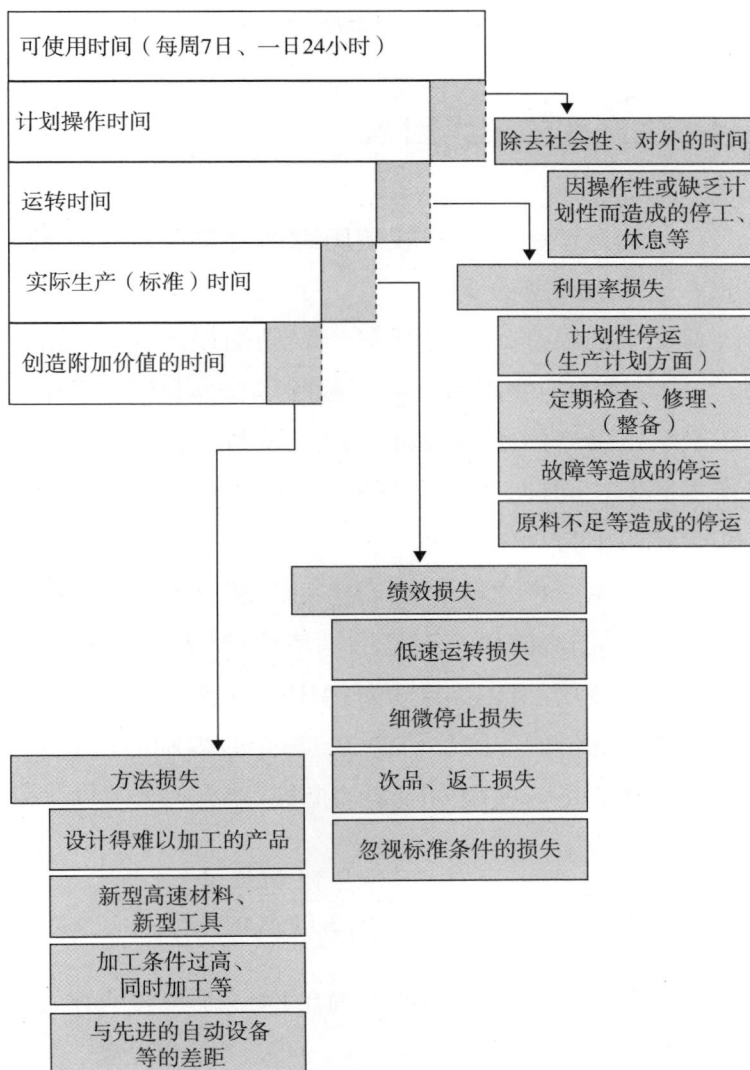

注：整备有时包含在标准时间中。

图1-8 设备投入时间与设备标准时间

下一小节笔者将详细介绍生产率公式中的 M、P、U。

1-4　生产率的三大因素

在制造管理领域，一般使用综合劳动生产率来测定作业人员的生产率。

前文中已经提到，生产率一般是指投入与产出的比例。从会计的角度来看，用产量除以资本即可计算出资本生产率，用产量除以设备套数或设备金额即可计算出设备生产率，同样，用产量除以劳动人数或是劳务费的话即可计算出劳动生产率。

在讨论生产率之际，我们有时会涉及附加价值生产率。所谓附加价值生产率是指销售价格减去材料费用和订购原料的费用后除以劳动量得出的数值，它表示的是由企业创造的价值（附加价值），与企业内利益增长直接相关，因此它是一项极为重要的指标。

$$附加价值生产率 = \frac{附加价值}{劳动量（时间或金额）}$$

生产率听上去有点深奥，简单地说就是投入的工时所获得的产量，该概念表示了每个人、每台设备，或是每份投入金额的产量（生产额），在经营管理方面比较产量的多少更加重要。

通过上述算式和图表，我们可以将决定作业产量的因素总结为图 1-9。 即分为：

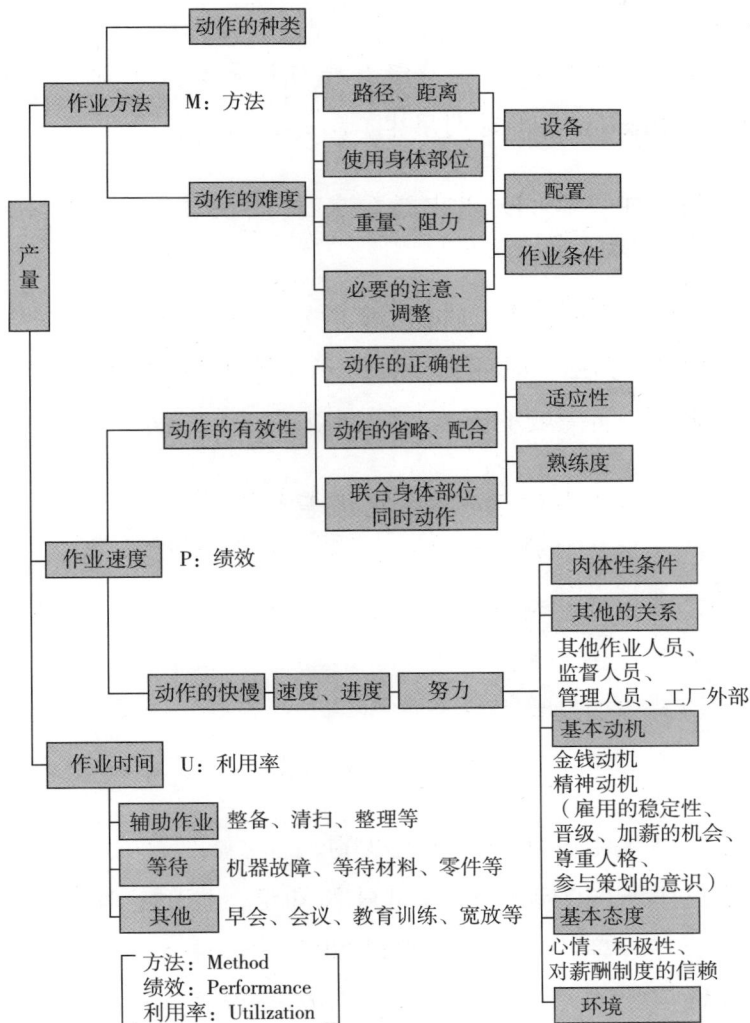

图 1-9 影响产量的 M、P、U

●作业方法是否正确（M：Method、制造方法）

●使用该方法的作业速度的快慢（P：Performance、绩效）

●工作时间的长短，即直接与产量相关的时间长短（U：Utilization、工时利用率）。

接下来让我们分别来看看这三个因素。

（1）制造方法（Method）

制造方法（以下用 M 表示）是指完成指定工作（Task）时所需要的因素，包括以下几个方面：

○使用设备的运转数、速度等条件

○使用的材料、治具

○操作的材料及器具的形状、大小、重量、放置位置、放置方法、配置情况

○动作的种类与难易度

○作业顺序、流水线平衡等

M 就是由这几个方面组成的。

这里所说的动作种类可分为伸手、抓取、移动、装配、放开等等。 动作越少的作业方法越佳（不过必须达到作业目的）。

此外，动作的难度可以用：

○使用的身体部位

○动作的路径与距离

○重量与阻力

○必要的注意与调节

进行定量的表示。

为了降低动作的难度，我们有时需要改变配置，或者是更换治具或设备等。

M 表示的是生产系统的好坏。 也就是说，M 通过标准时间（工时）的长短来反映作业标准的好坏。

改善 M 的方法如下所示：

- 改善作业方法、作业条件、作业顺序等
- 改善材料、设备等
- 改善治具与工具等
- 重新评价流水线平衡（组编效率）
- 应用动作经济的原则
- 改善配置
- 改善产品设计

（2）绩效（Performance）

绩效（以下用 P 表示）是决定工作产量的第二个因素，意为作业的速度。 我们可以将其分成"动作的有效性"和"动作的速度"两方面来考虑。

027

动作的有效性根据每个人的适应性和熟练程度不同而不同，动作的速度根据每个人的努力程度和积极性不同而不同。

P是指包括作业速度在内的标准方法的完成率，通过与标准时间比较即可求出P的值。

P的好坏由以下因素决定：

〇是否遵守作业标准中规定的标准条件、人员配置及标准速度。

〇进行作业的作业人员的技术水平、努力程度以及积极性如何。

提高P的方法如下：

- 正确测定、把握绩效
- 将作业绩效及其问题点（与作业标准的差别）及时反馈给相关人员
- 改善、训练作业技术及加大努力程度
- 训练监督人员及作业人员对绩效的理解和执行标准作业方法
- 促进员工提高绩效

（3）利用率（Utilization）

实际投入作业的时间中包含有与产量没有直接关联的时间，而这些时间主要可以分为与生产相关的辅助作业时间、作业人员无法工作的等待时间和其他事项。 后文将其分为：①实际作业；②准许的宽放时间；③有待改善的事项。

在此，例举一家机械加工工厂的运转情况的采样结果（详待后述）以供大家参考，请参照图 1-10。

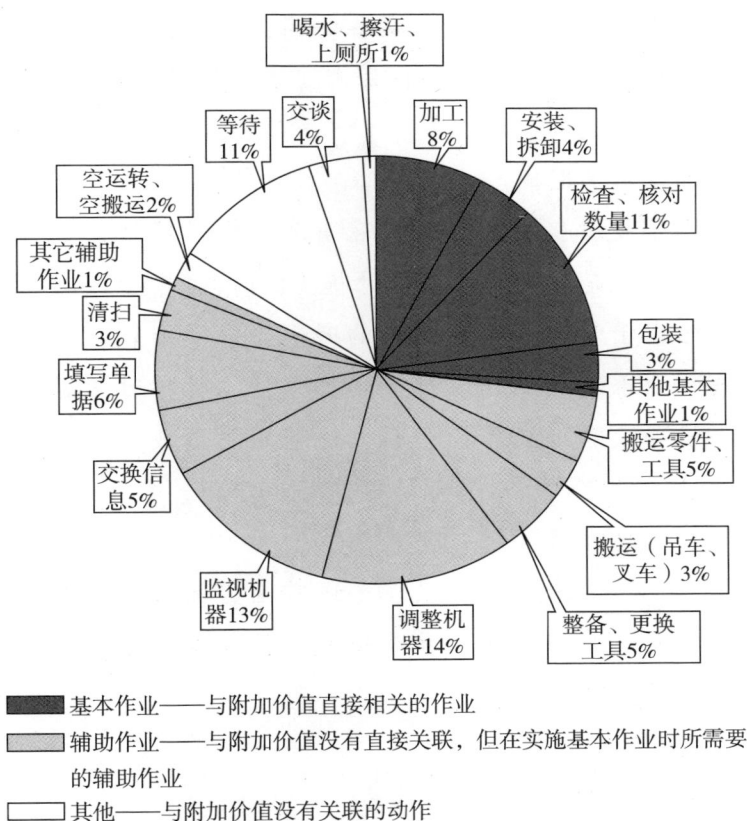

图 1-10 机械工厂的工作采样结果

基本作业——与附加价值直接相关的作业

辅助作业——与附加价值没有直接关联，但在实施基本作业时所需要的辅助作业

其他——与附加价值没有关联的动作

图 1-10 机械工厂的工作采样结果

U 包括以下内容：

○整备时间

当产品和作业发生变化时，需要更换模具、治具和配置。

○准备、收拾的时间

每天工作开始之前的准备时间，以及工作结束后的收拾整理时间。包括维护机器与工具、整理零件与材料、搬运、工作上的小会议等。

○延迟的时间

由于故障、停电、低电压等造成机器停运、运转速度降低，或是更换次品零件时花费的时间。

○由于管理不善而损失的时间，以及会议、教育等直接作业以外的工作，包括切割零件、材料时的等待时间、机器故障造成作业中断、计划变更造成损失、业务上的联系、会议、教育训练等。

○休息时间

除了正常休息时间以外，还有因为高温、低温、其他异常的作业环境等，以及高度精神集中、劳动力集中等所需要的宽放时间。

○杂事的时间

喝水、擦汗、上厕所等等。

如上所示，工时与设备的利用率关系着在工作时间中不与产量直接相关的时间。 也就是说，利用率是指人、设备的投入工时或投入时间的利用比率。

该数值反映了计划、管理的效率。 具体来说，它反映了由于零件不足、零件不良或是设备故障而造成作业人员无法工作的情况，同时与质量管理、生产计划、设备维护及整备改善工作的好坏相关。

改善 U 需要降低、削减以下事项：

- 设备故障
- 质量纠纷
- 缺货、零件不足
- 整备、更换种类、计划变更
- 早会、会议等非直接作业的活动
- 异常的作业环境

为了让各位读者更好地理解以上 M、P、U 的概念，我们可以参照一个浅显的例子，具体请看图 1-11。

此外，广义上的劳动生产率损失还包括由于管理者的责任（设备故障、零件不足等）以及作业人员的责任（技术欠缺、速度降低）造成的损失。 本书将前者定义为"工时利用率"，将后者定义为"工时绩效"，后文将分别对两者进行分析，并提出可行的对策。 一般来说，提到绩效时指的是责任在作业人员的工时绩效，而由于管理人员的失职而降低的工时利用比率则用"工时利用率"来表示。

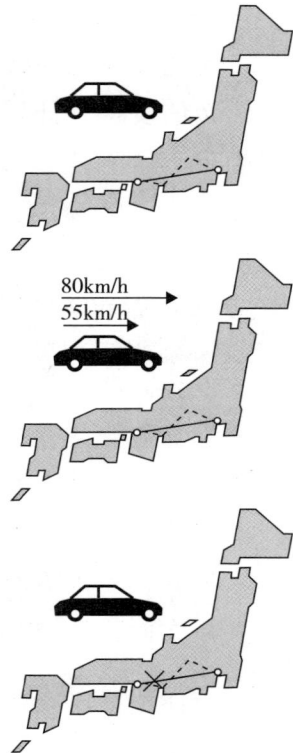

M（方法）

从大阪到东京的交通方式、类型、路线、限制速度、休息处等标准条件即是方法。

P（绩效）

根据实际行驶的速度和路线的不同，所需要的时间也不同，这即是绩效。

80km/h
55km/h

U（利用率）

有时中途会遇上道路施工，或是由于事故而造成堵车，这样会花费更多时间。有时无法以正常速度驾驶，这即是利用率。

图 1-11　M、P、U 的例子

如上所述，在分析、测定生产率的 M、P、U 时都需要用到标准时间，下一章让我们来看看标准时间的定义及其设定方法。

第 2 章
标准时间的构成

本章内容的解说流程如图 2-1 所示。

2-1　标准时间的定义

梅纳德的《工业工程手册》第 4 版（参考文献 18）
中对标准时间作出以下定义：

"所谓标准时间，是指一位拥有平均技术水平的作业
人员，以规定的作业方法，用正常速度完成一定单位量
的工作所需要的时间，其中包括人所必需的宽放时间以
及由于疲劳、延迟所需的宽放时间。"

该定义中关键词的含义如下所述。

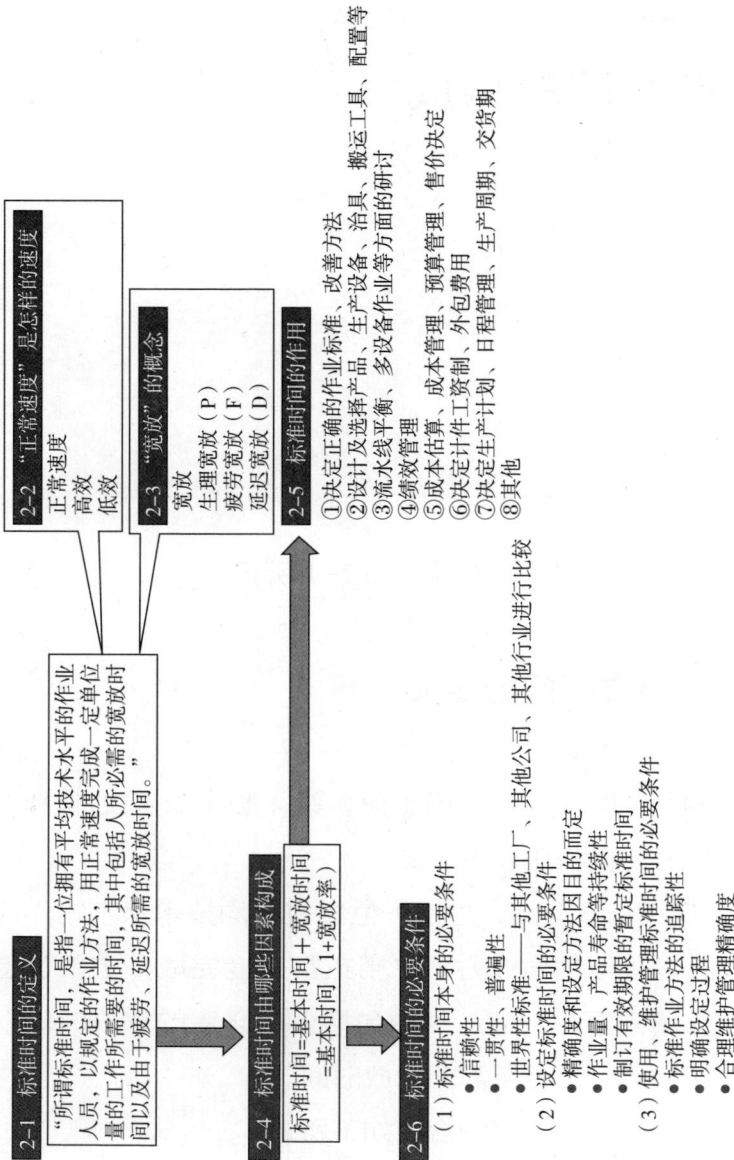

2-1 标准时间的定义

"所谓标准时间，是指一位拥有平均技术水平的作业人员，以规定的作业方法，用正常的作业速度完成一定单位量的工作所需要的时间，其中包括人所必需的宽放时间以及由于疲劳，延误所需时间。"

2-2 "正常速度"是怎样的速度

正常速度
高效
低效

2-3 "宽放"的概念

宽放
生理宽放（P）
疲劳宽放（F）
延迟宽放（D）

2-4 标准时间由哪些因素构成

标准时间=基本时间+宽放时间
=基本时间（1+宽放率）

2-5 标准时间的作用

①决定正确的作业标准，改善方法
②设计及选择产品、生产设备、治具、搬运工具、配置等
③流水线平衡、多设备作业等方面的研讨
④绩效管理
⑤成本估算、成本管理、预算费用、售价决定
⑥决定计件工资制、外包费用
⑦决定生产计划、日程管理、生产周期、交货期
⑧其他

2-6 标准时间本身的必要条件

（1）标准时间本身的必要条件
• 信赖性
• 一贯性，普遍性
• 世界性标准——与其他工厂，其他公司，其他行业进行比较

（2）设定标准时间的必要条件
• 精确度和设定方法因目的而定
• 作业量，产品寿命等持续性
• 制订有效期限的暂定标准时间

（3）使用，维护管理标准时间的必要条件
• 标准作业方法的追踪性
• 明确设定过程
• 合理维护管理精度

图2-1 第2章概要 标准时间的构成

①拥有平均技术水平的作业人员

进行作业的代表性作业人员。 既不是非常优秀的员工，也不是刚上岗的新员工，而是拥有一定的工作技术与经验，可以扎实地完成每天工作量的作业人员。

②正常速度

每天可以保持的作业速度。 既不太快，也不太慢，是拥有平均技术水平的作业人员的速度。 现实中作业人员的速度总是容易过快或是过慢，很少有人以"正常速度"来工作，然而正常速度表示的是一种理想速度，拥有平均技术水平的作业人员可以长时间保持而且应该保持该速度。

标准速度分为高效速度和低效速度两种，详待后述。

③规定的作业方法

准确无误地完成作业标准规定的工作所需要的时间被称为基本时间。 不属于作业标准中规定的工作，以及出现次品等情况不算入标准时间及产量中。

作业标准除了规定质量和注意点以外，最好还加入标准时间和进行高效作业时的注意事项。

④宽放

所有作业人员都需要有去厕所、喝水等生理宽放时间。 同时，工作一天时身体会感觉疲劳。 在设定标准时间之际，必须加上这些因素所需要的宽放时间，标准时间指的是持续工作时所需要的时间。

此外，有时会出现一些无法管理的延迟现象，比方说材料和设备发生了无法预料的小故障、确认上级的指示、记录每日作业报告等等。

根据工作的特点，宽放时间主要包括以下三个方面：

- 生理宽放（P：Personal）
- 疲劳宽放（F：Fatigue）
- 延迟宽放（D：Delay）
（有时简称为PFD）

标准时间需要加上这些宽放时间。 最近，工厂中宽放时间一般以与基本时间的比例形式，在标准时间中合计加入10%~15%的宽放时间。

接下来补充介绍一下上述的正常速度及宽放的概念。

2-2 "正常速度"是怎样的速度

作业人员的作业速度各有不同，速度快的人甚至能

036

达到速度慢的人的两倍之多。 不仅是个人之间有差别，工厂整体的作业速度也存在着差异，产量高的工厂、管理良好的工厂与产量低的工厂、管理落后的工厂相比达到数倍的差距也并不罕见。

一般来说，工厂所谓的"正常速度"（Normal Pace、低效）概念是指"在一定的监督下，不利用效率工资制的激励作用，普通作业人员的动作速度"。 作业人员可以每天都轻松地达到该速度，而不会带来过度的肉体性、精神性疲劳。 不过达到该速度依然需要一定的努力。

通过众多实验和观察的结果表明，人在进行持续作业时，并不是选择任意的速度作为动作速度，而是指：

● 正常作业的状态，即正常速度（Normal Pace、低效）

● 主动努力的状态，即激励速度（Incentive ＝ 奖励薪酬速度、高效）

这两种稳定的、平均的作业速度，不是任意的速度，意思是作业人员无法自由地持续调节作业速度。 图2-2 表示了上述两种标准的作业速度。

采用效率工资制的工厂的平均作业速度比正常速度

要高 20% 左右，同时更加稳定。 该速度被称为"激励速度"（奖励薪酬速度、高效）。

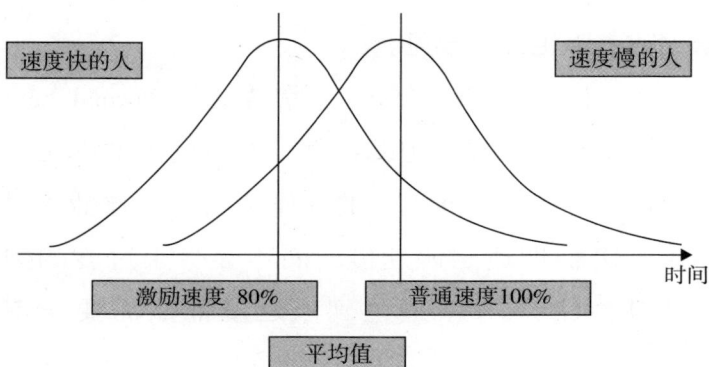

图 2-2 作业速度分布

我们可以将这两种速度标准视为作业的评价档等等。

正如我们经常在人潮涌动的街道或是车站看到的一样，人流往往都有一定的速度，而赶时间的人则穿梭在人流的缝隙中努力向前冲。 可以说，这就是表明"正常速度"和"激励速度"之间区别的极佳事例。

图 2-3 表示了工厂内步行速度的模拟演习情况。 大家可以实际体验一下多快的步行速度才算是正常速度。

在全球化竞争愈演愈烈的现代社会，笔者推荐大家将"激励速度"作为公司的标准速度。

准备16m的步行场所，并在始点、3m、13m、16m的位置划线。

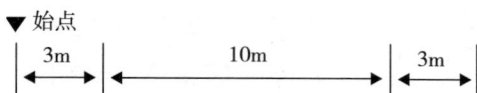

▼ 始点

| 3m | 10m | 3m |

从始点开始行走，用秒表测定中间10m所花费的时间。该时间的标准速度百分比如下表所示。
下表不包括开始行走时的加速和结束时的减速，表示的是以一定速度行走时的百分比（绩效）。

秒数	DM=1/100分	百分比（％）	
4.8	8.0	129	
5.0	8.3	124	
5.2	8.7	119	
5.4	9.0	115	
5.7	9.5	109	
5.9	9.8	105	
6.2	10.0	100	高效（激励速度）
6.5	10.3	95	
6.9	11.5	90	
7.4	12.3	84	
7.8	13.0	80	低效（正常速度）
8.3	13.8	75	
8.9	14.8	70	
9.5	15.8	65	
10.3	17.2	60	

资料来源：引自于日本能率协会 现场改善系列《作业速度》。

图 2-3 步行作业标准速度的亲身实践演习

2-3 "宽放"的概念

一般来说，作业人员无法在一天 8 小时的工作时间内连续工作。 人们有时会做一些与工作无关的事情，有时还会因为各种原因而不得不停下工作。 这种"无法进行作业"的停工时间一般分为责任在作业人员的停工时间和责任不在作业人员的停工时间。

责任不在作业人员的停工时间正是人们想工作却无法工作的时间，在欧美等地区采取效率工资制（计件工资制）的企业中，会记录、总结由于公司和管理人员而导致的停工时间及原因，并向作业人员补偿这段时间的工资。

责任在作业人员的停工时间不会向上级报告，但会造成某段作业时间的产量偏少，此时按照完成的数量来计算工资，同时还会评价该作业人员的绩效低。

然而，制造产品时每次停止 30 秒、1 分钟之类微小的时间是无法避免的，因此我们需要接受并补偿这些微小的停工时间（D：Delay、延迟宽放），同时还需要事先加入人类生理所需要的时间（P：Personal、生理宽放），以及持续作业带来的疲劳的恢复时间（F：Fatigue、疲劳宽放），这些同时构成了制造 1 单位的产品所需的标准时间。

停工时间中可以接受的宽放时间如下所示：

P：生理宽放

- 生理需要（擦汗、喝水、去厕所）
- 因吸烟等而离席
- 休息时间（午饭）

F：疲劳宽放（ILO：International Labor

Organization，指定的疲劳原因）

- 站立作业
- 不自然的姿势
- 使用体力与肌肉能量
- 不充分的照明
- 作业环境
- 集中力、注意力
- 噪音
- 精神紧张
- 单调感、无聊感

D：延迟宽放

- 与其他作业人员交谈（工作相关的商谈、私人谈话）
- 与监督人员或管理人员交谈
- 开始工作前及工作结束后的准备与等待
- 等待监督人员或其他作业人员的帮助
- 由于指示、零件、材料、设备等原因造成的暂时等待
- 每日作业报告记录、附带的票据处理等

除此以外，还会由于下述原因而发生短暂的延迟

- 等待零件、材料、工具、整备等

041

- 等待从仓库中取出零件
- 接受监督人员的指示
- 等待吊车或叉车
- 寻找需要的材料、工具
- 回答顾客的咨询
- 等待下一步的作业指示
- 等待作业人员完成上一项目
- 应付紧急情况
- 处理票据等

这些都属于"应该避免的延迟"，我们需要尽量采取改善的措施。 在时间长度及频率等方面所占比例较大的事项比较容易改善，因此我们不能一开始就将这些停工时间视为宽放时间，而应该将其记录至检查单或是记录在每日作业报告中，并探讨其原因。 实际上，这些延迟时间正是降低利用率和绩效的重要原因，因此最好从延误时间最多的事项开始采取相应的措施。

此外，有时由于工厂的特殊情况需要附加一些其他方面的宽放时间，比方说新产品上线时，从设计到生产稳定为止需要一定的"熟习宽放"，多台机器同时运转时需要考虑到"干扰宽放"等等。 详细内容请读者自行参阅前述的《工业工程手册》等参考文献。

宽放附加时间的具体比例在过去得到了大量的研究。到了 21 世纪，发达国家的工厂一般都安装有空调，同时

通过上午、下午的休息时间以及午饭时间（30~40 分钟）
差不多就能抵补生理宽放和疲劳宽放了。

然而，特殊的作业环境中的工作需要调查人类的生
理性疲劳，比方说处理较重的机器、材料的作业或是食
品公司在冷冻库内作业等等。本书不涉及疲劳宽放率的
计算，在《工业工程手册》等书籍中列举了作业等级、
心跳数、能量消耗等相关数据，这些都是疲劳宽放率的
基础，有兴趣的读者可以参阅该书。

表 2-1 是欧美等地区的企业经常采用的宽放率的简
易计算表，在参考这些图表推算宽放率，并通过宽放时
间在基本时间中所占的比例来设定标准时间之际，没必
要在休息时间和午饭时间之外重复算进生理宽放和疲劳
宽放时间。

表 2-1　生理宽放率、疲劳宽放率的简易计算表

生理宽放	疲　劳　宽　放									
	基本	站立作业	姿势		重量、阻力	照明	视力紧张	听力紧张	空调	精神集中	单调感
5	2	1	强	7	20	4	5	5	10	8	2
			中	2	10	1	2	2	5	4	0
			弱	0	2	0	0	0	0	1	0

单位为%　　　　　　　强:26kg~50kg　　　　　　强:空调风力过强
　　　　　　　　　　　中:11kg~25kg　　　　　　中:刚好
　　　　　　　　　　　弱:5kg~10kg　　　　　　弱:空调风力稍弱

一般来说，我们需要采取工作采样等方法来调查工厂特有的延迟宽放的原因及时间，并将其附加至标准时间之中。 如前所述，从提高生产率的角度来看，一般只附加最低限度的 3%～5%，一旦利用率或绩效有所降低，最好马上调查其原因，并采取改善措施。

2-4 标准时间由哪些因素构成

正如标准时间的定义所示，标准时间由基本时间和宽放时间构成，可以用以下的算式表示：

$$标准时间 = 基本时间 + 宽放时间$$
$$= 基本时间 （1+宽放率）$$

宽放时间通常是以宽放率的形式进行计算的。

基本时间是指作业所需要的时间，正如标准时间的定义所示，该时间是指普通的熟练工以正常速度完成工作的作业时间，以及使用机器等完成工作的加工时间或是流程时间。

宽放时间以与基本时间的比例形式附加至标准时间。

构成标准时间的基本时间及宽放时间的具体内容请参照图 2-4。

基本时间	作业时间	安装零件、拆卸零件
		手工加工（截断、倒棱）、装配、检查……
		包装、搬运……
	机器时间	加工（铣制、钻孔）、塑形、涂装、干燥……
		其他各种自动设备、机器人等的移动、安装、拆卸、加工、处理等
	流程时间	

宽松时间	生理宽放（P）	擦汗、喝水、上厕所
	生理宽放（P）	高温、低温、噪音、处理较重物品等所需要的恢复疲劳时间
	延迟宽放（D）	由于微小的故障、指示、确认设计图、记录每日报告等而造成的作业延迟

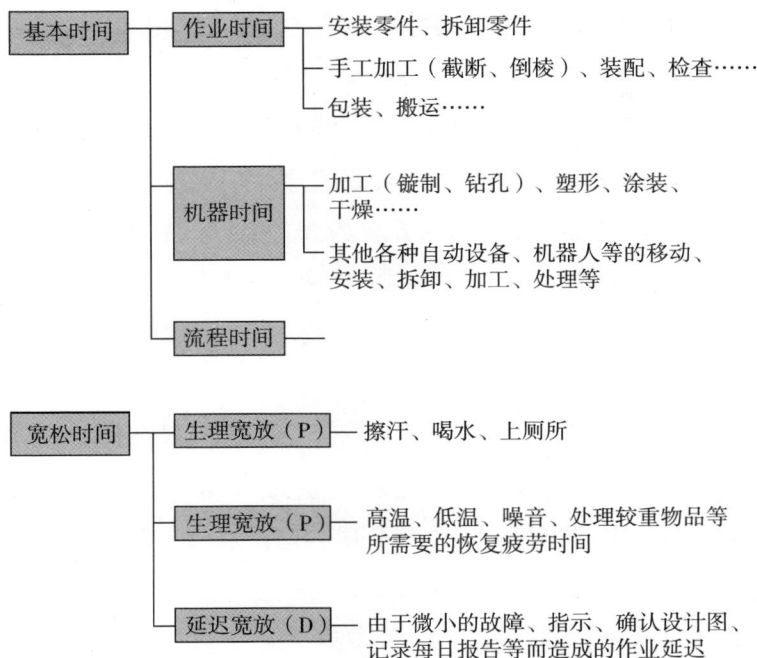

图2-4 标准时间的构成因素

此外，在换型作业方面，越来越多的企业通过制订标准时间来管理换型作业的效率，因此此时的标准时间属于基本时间的范畴。 然而当专业的换型操作人员推进外部换型和内部换型工作时，普通的作业人员就需要在换型过程中进行等待，这样会在绩效管理方面造成利用率的降低，详细内容留待后述。 总之在这种情况下，重要的就是在换型的时间内同时进行可以产生其他附加价值（标准时间所允许）的工作。

2-5 标准时间的作用

如前所述，标准时间是在企业经营的各个方面进行定量的、科学的判断时最重要的工具之一。 尤其是在成本方面，在计算制造部门所需人员及劳务费之际，或是会计部门在估算各产品的成本和各部门的成本之际，或是寻找实际成本的问题点之际，标准时间是必不可少的基准。

然而现在还有许多公司和工厂没有认识到标准时间的意义与重要性，他们或是没有设定标准时间，或是将以前使用的标准时间套用在不同的产品和工序上。

那么接下来让我们来看看标准时间的作用，请参照图 2-5 来阅读。

定量的经营管理中所使用的、基于准确测定的"技术标准时间"（详待后述）的作用如下所述：

①决定正确的作业标准、改善方法

工厂在生产产品之际，必须事先决定好工序与方法。 此时需要从时间和成本方面来探讨不同的方法，并选择最佳方法（One Best Way）。 此外，还需要比较、探讨作业方法的改善方案。 这些工作都需要用到标准时间。

②设计及选择产品、生产设备、治具、搬运工具、配置等

通过讨论和比较时间与成本，得出可能的产量及需

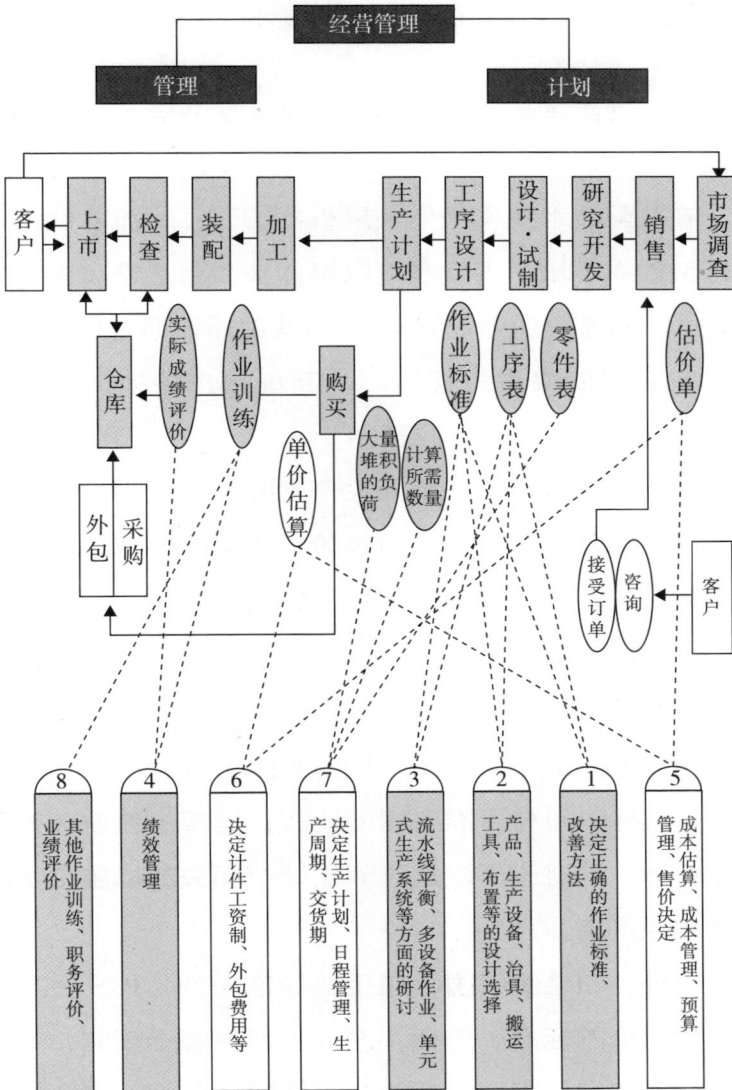

图 2-5 经营管理中标准时间的作用

要的设备台数等。 同时还能使用标准时间来评价投资效果。

③流水线平衡、多设备作业、单元式生产系统等方面的研讨

在装配流水线和操作大量机器的工厂，流水线平衡（组编效率）和一人究竟可以操作多少台机器（多设备作业）一直都是重要的问题。 这些都需要通过标准时间而非实际时间来进行探讨，从而确定应该如何安排作业，能够达到哪一程度等等。

此外，在讨论生产单元生产之际，我们不但需要根据标准时间从方法层面进行评价，还需要对包括作业人员绩效在内的因素进行综合性研讨。

④绩效管理

如上所述，在探讨、决定作业标准、流水线平衡及多设备作业之际，我们可以通过生产中实际花费的时间——实际时间与标准时间的比较，推算出作业绩效和设备绩效，同时还可以通过降低绩效损失的措施来提高并管理生产率。

此外，如果使用国际通用的标准时间（PTS 法及其他正确评价的标准）的话，无论工厂在哪个国家，无论产品和设备有何不同，都能公正地评价绩效，因此我们可以明确为了提高国际竞争力，需要将绩效提高至哪一

水准，以及现状可以达到哪一水准等等。 绩效管理有时被称为时间管理、工时管理、产量管理等，无论如何，最重要的是使用合理的标准时间与实际时间进行比较、管理。

⑤成本估算、成本管理、预算管理、售价决定

因为以标准时间为基础可以估算成本以及计算劳务费的标准成本，所以再加上材料费和间接管理费等标准成本，即可以管理标准成本和预算，以及决定销售价格。 而在成本绩效方面，我们可以在标准时间的基础上分析时间（使用量）的差异和单位时间的薪酬（价格）差异等，从而采取有效的措施降低成本差异。

⑥决定计件工资、外包费用等

在采用计件工资制或效率工资制时，或是委托其他公司进行零件加工或装配作业时，或是委托公司外部人员来公司内进行作业时（这种形式近年逐渐增多），最大的问题是单价与计件工资制的结构。 想要公平地制定这方面的标准，技术标准时间是必不可少的。

⑦决定生产计划、日程管理中的生产周期、交货期

在制订生产计划和日程计划之际，我们可以以标准时间和整备标准时间为基础，计算每天的产量、估计生产周期、决定需要的天数、期限和交货日期。

⑧其他

在进行作业训练之际，我们可以将作业结果与标准

049

时间进行比较，从而进行定量讨论。 这一讨论也可以成为作业指导、职务评价及业绩评价的基础。

2-6　标准时间的必要条件

标准时间必须拥有哪些条件才能将其有效地应用在上述各个方面呢？ 接下来让我们来看看标准时间的必要条件，请同时参照表2-2。

表2-2　标准时间的必要条件

①技术标准时间的必要条件	
必要条件	备考
• 信赖性	与作业标准的一致性
• 一贯性、普遍性	普遍方法
• 世界性标准——与其他工厂、其他公司、其他行业的比较	国际标准
②设定标准时间的必要条件	
必要条件	备考
• 不用太过精确	绩效管理+10%
• 产品寿命等作业的持续性、频率	有效利用标准时间的简略资料
• 制定有效期限的暂定标准时间	有效利用暂定标准时间
③使用、维护管理标准时间的必要条件	
必要条件	备考
• 标准作业方法的追踪性	使用 PTS 方法
• 明确设定过程	简化设定、改订标准时间
• 合理地维护管理制度	确立维护管理制度

（1）标准时间本身的必要条件

①具有信赖性

根据标准时间的不同作用，所要求的汇总单位和精确度也不尽相同，关键是标准时间必须是准确的、值得信任的。 标准时间不能以过去的经验为基础，而是要反应标准条件下应有的姿态，即，要切实正确按照作业标准使用现有的制造设备进行生产。

②具有一贯性、普遍性

我们需要做到即使更改产品设计，也能轻松地设定标准时间。 标准时间必须具有一贯性，通过其可以进行公正地评价，而且可以长期持续应用（因此标准时间的设定方法也需要同样的条件）。

③世界性标准

通过设定标准时间，可以与其他工厂、其他公司或其他行业比较作业绩效或设备绩效。 因此，作业速度的标准最好使用世界通用的标准。 同时，在作业速度小节笔者也提到过，最好是采取高效标准。

（2）设定标准时间的必要条件

①精确度因目的而定

在预计和比较改善效果等时候，我们有时会使用标准时间进行高精确度的严格评价。 然而在管理作业绩效或设备绩效之际，在换型程序较多的工厂中，想要通过标准时间来反映工厂每天新产品的数量、设计更改及改善点，并随时进行设定、修改等工作，这几乎是不可能的。

一般来说，我们在没有设定标准时间之前就开始生产新产品，随着产量的增加，开始逐渐使用正规的标准时间进行管理。

此外，根据每天的改善和局部的设计变更，所调整的标准时间需要保持在 5%～15%的范围内，可行的做法是等标准时间的误差积累到一定程度时汇总在一块再进行修改。 此时，当我们认为标准时间的精确度达到这个程度就可以时，标准时间的设定也会变得很轻松，这样在新产品生成时或设计发生变更时也能轻松地修改、更新标准时间。

②确认作业的持续性及频率

针对所有产品详细地设定标准时间并不是经济的做法。 有些产品两到三个月就会改型，有些产品产量较小，因此我们需要首先确认对象工序的持续时间、对象产品的寿命、持续性及各对象作业的频率及所占比例。对于寿命较短的产品，我们最好只准备简单的标准时间设定资料，同时在生产开始前进行短期的设定。

③为暂定标准时间设定有效期限

在量产的新产品生成之际，如果来不及设定标准时

052

间就开始生产的话，有可能由于其所占比例过高而导致工厂内的绩效管理系统失去了原有的意义。 这时我们可以制订有效期限短暂的暂定标准时间，即使用替换作业的标准时间或预计的参照时间。

（3）使用、维护管理标准时间的必要条件

①标准作业方法的追踪性

在作业现场进行指导之际，想要让作业人员在标准时间内完成作业，我们需要跟踪时间与作业方法之间的联系。 此外，在指导、训练绩效或技术水平较低的作业人员之际，或是分析水平低的原因之际，标准作业方法中的方法追踪性也尤为重要。

②明确设定过程

为了能够更加容易地针对条件或方法的变化，以及改善的变化来调整或变更标准时间，我们需要明确标准时间的设定过程、制订标准时间数据的顺序以及总结方法。

③合理的维护管理制度

当人们不再信任标准时间时，即使其与计件工资等薪酬制度无关，也有可能造成延期交货或生产率降低等严重后果。 在使用标准时间的阶段，我们必须合理地维护、管理公正公平的标准时间。

同时还需要确立一系列标准时间的维护管理制度，比方说由于新产品生成或实施改善而需要设定、调整标准时间时的报告制度、通知方法以及定期检查方法（监督方法）等等。

第 3 章

标准时间的设定方法

本章内容的解说流程如图 3-1 所示。

3-1　标准时间设定方法的类型

人们通常通过以下三种方法来设定标准时间。

- 经验上的估测
- 观察、测定实际作业
- 利用标准时间的资料

让我们来依次看看这几种方法。

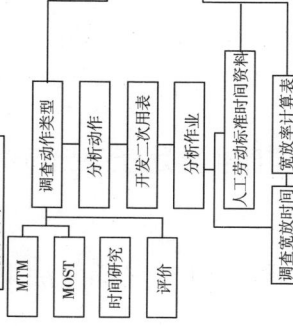

3-1 标准时间设定方法的类型
- 经验上的估测
- 观察、测定实际作业
  - 3-3 时间研究
  - 3-4 评价
  - 3-5 工作采样

3-2 标准时间的设定步骤

1. 标准时间使用目的的确认
   设定对象
   设定范围
   设定精确度
   设定日程计划
   设定项目、人员、组织

2. 选择作业测定方法
   国际标准
   准确性
   高任务
   一致性
   适合对象的方法
   易于训练
   - MTM
   - MOST
   - 时间研究
   - 评价

3. 开发标准时间资料
   通用性
   容易性
   迅速
   根据用途决定精确度
   降低预测精确度及预估工时
   - 调查动作类型
   - 分析动作
   - 开发二次用表
   - 分析作业
   - 人工劳动标准时间资料
   - 宽放率计算表
   - 调查宽放时间

4. 决定流程时间
   国际标准
   技术标准
   追求理想状态
   精确度与工时设定
   - 调查机器、流程时间
   - 流程标准时间资料

   设定标准时间
   - 按工序分类的标准时间表
   - 按产品分类的标准时间表

5. 决定容易性
   设定迅速性
   追求理想的状态
   方法的追踪系统
   监督系统

6. 应用标准时间
   （工时管理
   绩效管理
   设备管理
   成本管理
   模拟等等）
   生产计划

3-11 使用计算机设定标准时间
- 其历史
- 标准时间设定系统的优点
- MOST for Windows
- MOST Data Manager
- MTM-LINK

利用标准时间的资料
- 3-6 各种PTS法
- 3-7 PTS法的优点与界限
- 3-8 MTM方法
- 3-9 MOST
- 3-10 标准时间数据

图3-1 第3章概要 标准时间的设定方法

（1）经验上的估测

方法之一是通过在作业和时间方面具有丰富经验和深厚知识的个人，对作业时间作经验性估计。这种方法的结果有好有坏，有时会耽搁计划，给其他部门和工序造成麻烦。

方法之二是在过去实际资料的基础上估测平均作业时间及单位时间的产量，采用这种方法的例子也有很多，但有人指出该方法对同一工作的预测时间越长，则越接近于实际时间（即标准过于宽松），因此同样也存在着问题（帕金森定律）。

（2）观察、测定实际作业

有时人们会通过直接观察、测定实际作业来决定标准时间。通过直接观测设定标准时间的方法一般可以分为以下三种情况。

- 时间研究（Time Study）
- 工作采样（Work Sampling）
- 生理学上的作业测定（Physiological Work Measurement）

时间研究是指使用测量器材（秒表、录像机等）分析作业方法中的作业要素，记录观测时间，与普通速度进行比较，并作出主观性判断（绩效评价），以及附加宽放时间等。 时间研究经常应用于设定周期较短、重复较多的作业的标准时间。

工作采样是指提前定义通过随机间隔观察到的对象作业内容，并进行区分记录，然后依据发生比率统计、估算被区分的各类因素的时间。 如果想要测定得十分精确，需要观测大量数据。 关于时间研究和工作采样等问题留待后述。

此外，生理学上的作业测定经常使用生理学测定仪器来测量心跳数或氧气消耗量等等。 它直接测定了包括作业时肌肉的疲劳程度等因素在内的作业时间，由于篇幅原因，本书省略了这种生理学方法，详细内容请参阅《工业工程手册》等文献。

（3）利用标准时间的资料

方法之三是利用"标准时间资料"（有时简称为标准资料），即利用标准时间数据系统的方法。 美国的 MIL-Std1567 中对标准时间数据系统（Standard Time Data）作出如下定义："对要进行的指定作业时需要的所有因素及正常时间值进行编辑，这些数据即使不应用于实际的时间研究，也可以作为设定类似作业的标准时间的基础。"

此类标准时间数据中包括了一系列的动作，我们可以将其总结成时间一览表、图表或算式等简单易懂的形式。 因此，在新产品等尚未进入实际作业的阶段，即尚未进行作业观测的阶段也有可能设定标准时间。

我们可以事先研究作业人员在实际作业中的动作，从而计算出时间值。

只要知道新作业的具体进行方式，就可以根据各种时间表的规则选择合适的时间值，同时也能有效地计算该工作的基本时间值。

比方说，工厂许多工序的各种作业中都会涉及"步行"这一因素，然而我们并不需要亲自到现场测定时间，只要知道"步行"这一作业要素的时间值的变动因素，即"距离"和搬运物品的"重量"，就可以通过时间表来计算、整理，求出标准时间的数值。

如上所示，我们可以事先分析、调查作业中出现的各种作业要素，并将其汇总为通用的、易用的"标准时间数据"（标准资料）。使用该数据可以有效地减少标准时间设定人员所需的时间与工时。

将标准时间数据汇总为通用的作业测定方法的系统被称为"预定时间系统"（Predetermined Time System，简称为 PTS 法）。本书将在 PTS 方法一章中详细介绍该系统。

至今为止，人们开发了许多 PTS 法，无论哪种 PTS 法都需要在一开始通过图表等形式对分析对象的工作或作业中所需要的动作进行详细定义。因此，我们不需要实际观测作业，但是需要深入理解该作业中所需的动作及作业要素的方法（请参阅表 3-1）。

表 3-1　各种设定标准时间的方法

方法		开发年代	用途	测定单位 分	必要分析时间 将MTM-1作为100的比较值	精确度	特点
直接分析	时间研究	1900	短周期、通用	0.05			
	工作采样	1940	长周期、通用				适用于宽放率研究
	生理学研究	1980	人工作业				用于疲劳研究
预定标准时间(PTS)数据	第1代 MTM-1	1940	重复性高循环时间短	0.003	100	高	基本方法、方法追踪性
	DWF	1930		0.0001			基本方法、方法追踪性
	RWF	1960		0.001			DWF的简略版
	第2代 MTM-2	1980	重复性高循环时间1分以上	0.03	20~50	中	基本方法MTM-1应用于不同的用途
	MTM-3		重复性高循环时间10分以上	0.03			
	BWF		重复性高循环时间稍短	0.05			
	MTM 4M		循环时间长				
	AOC		银行				
	WMP		维护				
	MTM-V		机器加工				
	其他						
	第3代 MOST	1980	重复性高循环时间稍短	0.03	20	高	动作顺序
	SAM	1980					
	CAPES	1985	机器加工		10~20		
	其他						
	第4代 MOST for Windows	1990	使用计算机	0.03	10~20	高	方法追踪性
	MTM-LINK						
	其他						

资料来源：日本能率协会咨询(JMAC)、作业测定手册。

060

图 3-2 表示的是预定时间系统（PTS 方法）之一 MTM 方法的基本动作例。

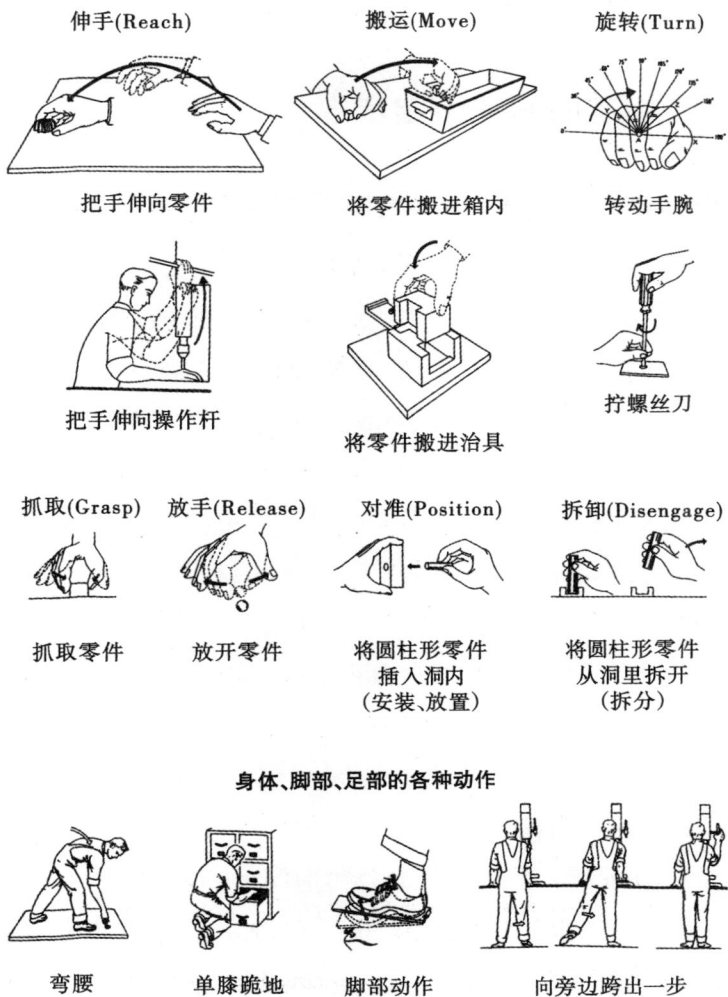

伸手(Reach)

把手伸向零件

搬运(Move)

将零件搬进箱内

旋转(Turn)

转动手腕

把手伸向操作杆

将零件搬进治具

拧螺丝刀

抓取(Grasp)

抓取零件

放手(Release)

放开零件

对准(Position)

将圆柱形零件
插入洞内
（安装、放置）

拆卸(Disengage)

将圆柱形零件
从洞里拆开
（拆分）

身体、脚部、足部的各种动作

弯腰

单膝跪地

脚部动作

向旁边跨出一步

图 3-2　MTM 基本动作例

只要定义了基本动作，就能通过预定时间系统的时间值表或数据库计算每项动作的时间值，再加上宽放率，合计时间值即可作为该业务的标准时间。

3-2　标准时间的设定步骤

标准时间的应用范围很广泛，有时候设定标准时间只是为了调查特定零件的成本和所需工时，不过一般来说，为了管理整个工厂的产品、零件、半成品等所有工序的工时和成本，我们经常需要设定新的标准时间。就算之前已经制订了一定的标准时间，一旦产品进行更新换代，该标准时间就极有可能无法继续沿用。此时我们需要全面地评价以前的标准时间，并进行整体的重新设定。此时标准时间的设定步骤如图 3-3 所示。

首先需要确认企业或工厂设定标准时间的目的。我们需要调查设定对象的产品是什么、设定工序的范围有多大、其平均产量及平均周期为多少、对象作业人员的人数等。然后需要确认、掌握产品的现状以及工序概况，比方说各对象产品将于何时生产、产品和设备的更新预定、产品寿命、生产比例都是何种情况等等。

我们必须事先理解，标准时间所需要的精确度及汇总的概括度因使用目的而异。而且精确度并非越高越好。如果在设定标准时间时，光注意精确度的话，往往会增加设定时所需要的人员和时间，因而容易脱离现实。

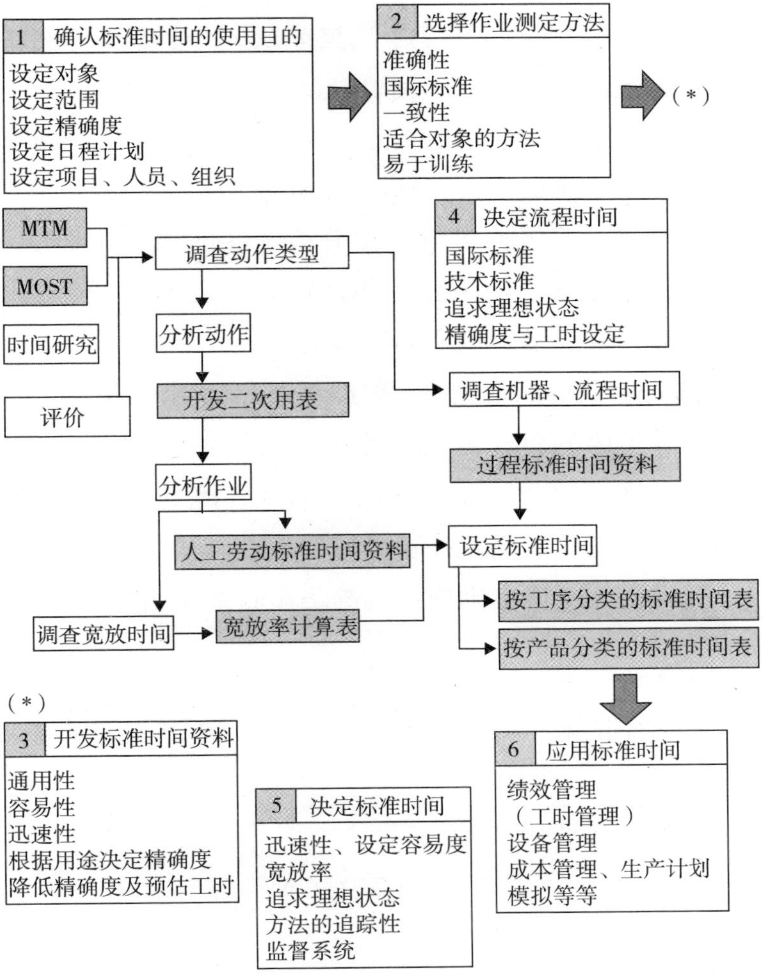

图 3-3　标准时间的设定步骤

在对实际情况进行确认之际，我们需要调查生产对象的材料或零件如何运至各个工序，经过怎样的处理后才能让产品成型，也就是说，我们需要调查材料及零件变化或流动的状态、各工序及其前后的作业状况、相关的治具等生产条件、工序编成以及生产计划等等。

而为了准确地掌握产品、零件以及工序的大致情况，我们通常需要分析工序。工序分析的方法及内容留待稍后再述，理想的步骤是在分析工序时改善、标准化目前的作业方法，并确立不包括损失在内的"理想的"标准作业，以及设定相应的标准时间。

如果可以通过上述方法掌握作业目标以及对象产品、对象工序的概要情况，那么我们就能决定标准时间的对象范围，估计所需的人员及时间，确保设定标准时间的方案及工作人员，并制订日程计划。

标准时间从设定到应用的简略步骤如下所示：

- 确认标准时间的使用目的
- 选择设定标准时间的方法、制订人工作业的标准时间资料
- 决定流程时间
- 根据不同的工序、产品决定标准时间
- 实际应用标准时间

在选择设定标准时间的方法，即步骤 2 之后的各步

骤均需要用到专业知识和方法，此外，标准时间设定方
法不同，其设定步骤也有所不同。 由于篇幅关系，本书
首先介绍表 3-1 中所示的标准时间设定方法中的主要方
法，同时在设定方法的小节中分别介绍使用这些方法设
定标准时间的步骤。 至于特殊目的的详细方法，请读者
自行参照参考文献等资料。

3-3 时间研究

"时间研究" 是上文 IP 提到的在设定标准时间方法
中最精确的方法，是通过直接观测来设定标准时间的方
法，下面我们对比作一解说。

时间研究是指 "根据一定的标准方法，直接用秒表
来测定工作时间的作业内容，由此求出标准时间的基本
时间"。 在该基本时间的基础上加上合理的疲劳宽放、
生理宽放和延迟宽放时间，即可得出标准时间。

由于这种时间研究的方法可以得出可信的标准作业
方法及标准时间，因此除了设定标准时间以外，还能有
效地改善作业方法，我们可以将其应用在各个方面。 请
参照以下时间研究的目的。

- 决定可信的标准作业和标准时间
- 决定设备、机器的生产能力
- 为增加产量、提高运转率而提出有效的作业计划

方案

- 分析标准与实际成绩的差异、提供管理数据
- 为比较方法而比较所需时间
- 评价投资设备的生产率
- 促进生产工厂的有效配置
- 推进严格的工序管理
- 研究可能达到的流水线作业平衡
- 促进事先决定准确的作业成本

时间研究的执行步骤如下所述：

①选择作业对象

②现场观测工序、作业，并决定作业范围

在确认大概的周期、使用零件、材料、治具、作业台及其周围的治具、零件存放处以及作业人员的行走路线等各方面的因素后，记录作业区域的配置。

对象工序中出现了哪些作业及作业要素、对象作业的范围有多大，如图 3-4 所示，我们首先需要用作业要素、动作等细小的单位来对作业内容进行分析、图解，以便更好地理解。

③记录实施的作业内容

我们需要准备录像机，参照表 3-2 中所示的在时间研究中最少的观测次数来计算录像时间，并准备足够的录像带和三脚架。 此外还需要事先制作表 3-3 中所示的录像标签等，以便整理录像带。

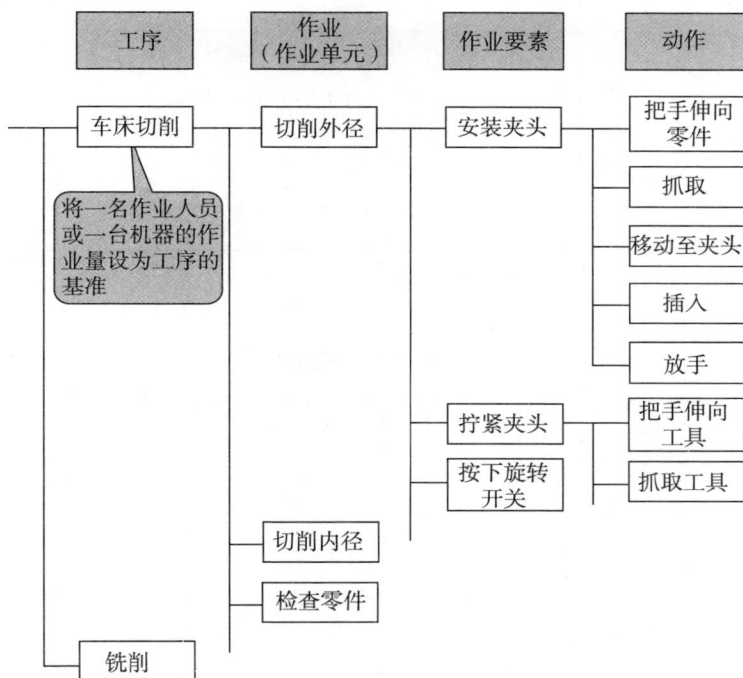

图 3-4　工序、作业的分析层面

表 3-2　时间研究的最少观测次数

周　期	一年的生产数量			
	10000 以上	5000~10000	1000~5000	不到 1000
超过 60 分	6	5	4	3
40~60 分	8	7	6	5
20~40 分	10	9	8	7
10~20 分	12	11	10	9
5~10 分	20	18	16	15

067

周　期	一年的生产数量			
	10000 以上	5000~10000	1000~5000	不到 1000
2~5 分	25	22	20	18
1~2 分	40	35	30	25
1 分以下	60	50	45	40

注:时间研究的最少观测次数(设定标准时间用)　(E 社例)

表 3-3　录像标题表

录　像　标　题　表	
	录像带 No.
作业对象	
工序	
产品	
作业人员	
拍摄日期	
录像计时	
拍摄者	

　　时间研究的步骤类似于抽样检查，因此为了保证观测的准确性，观测的次数（样本数）就尤为重要了。 我们需要根据时间研究的目的来调整观测次数。 特别是关系到计件工资制等薪酬问题时，我们必须严格遵守表 3-2 中所示的观测次数，以便在统计方面维持标准时间所必需的精确度。 统计学上精确度的确认方法在此省略，如有需要请自行参照参考文献。

④实际作业的录像

我们将通过该录像来测定时间。 在拍摄时，需要选择熟悉该工作的作业人员，并事先准备必要的工具、零件，整理作业场所的配置，一开始拍摄 10 秒左右的录像标题表，然后再进入实际作业的拍摄。

在拍摄作业之际，需要事先通知工厂负责人及实际工作的作业人员，并得到他们的同意。

在作业中，有时需要同时测量其他作业人员的作业情况或设备的运转情况。 这时可以使用两台以上的录像机，在拍摄一名作业人员工作的同时，还可以对其他作业人员或设备进行录像。

⑤测定作业单元或作业要素的时间

拍摄完毕后，我们可以一边观看录像带，一边将对象作业细分为作业单元或作业要素，并测定各单元、各要素的时间。

使用精确度为 0.01 分的手摇式秒表，用瞬时返零法（Snap Back Timing，读取各作业要素的时间值，随即立刻使秒表复零）进行测定时，0.05 分的作业要素会产生约 10%（0.25 分为约 2%）的读取误差，因此无法将作业细分为 1 秒、2 秒之类的作业要素。

我们通常使用连续法（Continuous Timing，不将秒表复零，读取并记录每一作业要素的持续时间）进行测定。 最近市面上出现了附有单独内存的单圈式数码秒表，在每项作业结束时按下即可进行记录，使用起来十分方便。

有些企业使用数码录像带的影像编辑软件来进行时间研究。 首先将画面快进，在一项作业结束之际放慢播放速度，此时只要点击作业要素的区分点，即可正确地记录时间，因此可以进行高精确度的观测及整理。

在设定标准时间之际，我们需要从上述的作业要素层面来测定时间，然而如果时间研究的目的是改善方法的话，有时还需要更加详细地分析单个动作。 反之，有时只要粗略地测定作业单元的时间即足以达到目的。

表3-4是时间观测用表的例子。 填写方法请参照表中的评论。

⑥计算基本时间

观测结果的测定值乘以评价栏里的评价值（百分比）即可计算出基本时间值。 将基本时间值相加，并汇总至必要的工序和作业层面时，即可制定成设定标准时间所需的基本时间资料。

此外，在后文中提到的人机图（Man – Machine Chart）或流水线作业中，使用基本时间值，并将其整理进作业时间图（Pitch Diagram）等图表时，将会对制作作业标准及探讨改善方案等非常有效。

关键是执行改善方案，使用现有的设备追求可能达到的"理想的"作业标准。 可以说标准时间用时间值来表示了这种理想的作业标准。

表3-4 时间观测用表

填写产品、工序、作业人员的名称等

填写使用的单位。有时也使用分钟为时间单位

时间观测用表　　　　　　　　　　　　　　　　　　填写日期：2004-08-04

产品：托架P-12003	工序：冲压#3	作业人员：铃木	观测人员：德田	页码：1/1

No.	作业内容		观测时间：秒										平均	评价	基本时间	备考
1	从作业台取零件，安装在冲压治具上	读取	2.3	26.4	52.8	77.4	107.9	174.9	200.9	225.8	252.2	278.2				为治具上油…自动上油如何
		时间	2.3	2.6	2.7	2.0	2.6	32.4	2.4	2.3	2.5	2.4	2.4	120%	2.9	
2	固定冲压治具拉操作杆	读取	4.0	28.4	54.8	82.6	110.4	177.0	202.9	228.4	254.2	280.5				由于出现异常值而除外
		时间	1.7	2.0	2.0	5.2	2.5	2.1	2.0	2.8	2.0	2.3	2.2			
3	按下按钮（双手）	读取	5.7	31.2	56.7	84.5	112.6	178.8	204.7	230.8	257.4	262.5				
		时间	1.7	2.8	1.9	1.9	2.2	1.8	1.8	2.4	3.2	2.0				
4	等待（设备冲压时间）	读取	15.3	41.0	66.7	94.4	122.6	188.8	214.5	240.7	267.4	291.3				
		时间	9.6	9.8	10.0	9.9	10.0	10.0	9.8	9.9	10.0	9.7	9.9	80%	8.0	
5	将固定操作杆拉回原处	读取	17.9	43.7	69.5	97.6	125.0	191.7	217.2	243.0	270.0	293.8				如果是自动弹起式则不需要操作杆
		时间	2.6	2.7	2.8	3.2	2.4	2.7	2.6	2.5	2.7		2.7			
6	拿起零件检查外观上是否有毛刺	读取	22.0	47.6	73.2	102.7	137.5	196.5	221.0	247.5	274.0	297.7				由于丢失零件而除外
		时间	4.1	3.9	3.7	5.1	12.5	4.8	3.5	4.5	4.0	3.9	4.1			
7	将零件装入成品箱中（处理下一零件）	读取	23.8	50.1	75.4	105.3	142.5	198.5	223.3	249.7	276.0	300.2				由于出现次品，放入其它箱内
		时间	1.8	2.5	2.2	5.0	2.0	2.3	2.0	2.5	2.2		2.2			
		读取														
		时间														
		读取														
		时间														
		读取														
		时间														

在使用连续法时，填写读取的时间

依次填写作业单元或作业要素

计算并填写作业要素的实际时间

除去异常值以外，计算平均值

异常值用○标出，不计入

平均值乘以评价值，计算出基本时间 2.4×1.20=2.88

评价时的数值用百分比表示

记录对观测值的水平的评价及记录观测中想到的改善方法

3-4 评价

　　在用秒表测定作业时间之际，测定的时间会因人而异，即使是同一作业人员，不同日期的作业时间也会有所差异。 测定的作业时间只表示了某项作业在某一特定时段中所需要的时间，而不能将其视为代表数值。 如图3-5 所示，一天中的作业时间值一直在发生变化。 过去有研究报道说，在普通工厂的作业中，通过随机而选中的能力正常的作业人员的最大和最小作业时间的比率介于 1 : 2 ~ 1 : 2.25。

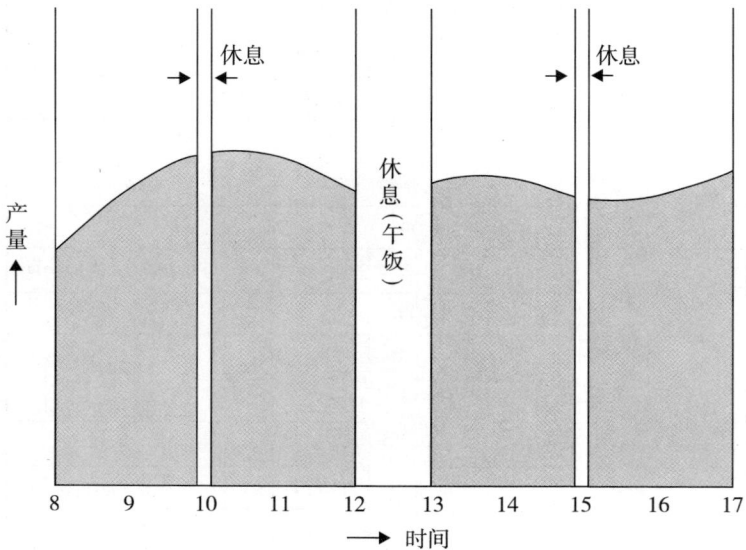

图 3-5　一天内的作业速度差距

一般来说，多名作业积极性差不多处于同一水平的作业人员所需的作业时间基本上分布在标准范围内，如果将标准速度视为 100 的话，从理论上说应该分布在 67～133。

在实际的作业中，受公平配置和薪酬制度的影响，作业时间平均值的差异比理论上的数值要小。

此外，这还牵涉到在作业速度小节中提到过的"正常速度"（Normal Pace）和"激励速度"（Incentive Pace）的问题，因此观测者必须对测定时间进行评价（主观性判断），才能将实际测定的时间应用为标准时间。 这种评价技术一般被称为"绩效评价"（Performance Rating 作业执行度评价），或是简称为"评价"（Rating）。

评价的定义如下：

"观测者将所观测的作业人员的绩效或是有效努力度与自己认为合理的作业执行度进行比较的工作。"（根据 Society for Advancement of Management）

时间观测用表中也有时间值的"评价"栏，为了正确地评价直接观测到的时间，我们需要理解标准速度并掌握评价能力。

因此需要反复进行相关训练，即一边看用于评价的录像，一边使用如图 3-6 所示的评价表来评价各种作业的速度，并通过与正确的评价值进行比较，来分析自己的判断倾向。

073

评价训练用表			日期：			姓名：		

No.			No.			No.		
作业			作业			作业		
场景	评价值	标准值	场景	评价值	标准值	场景	评价值	标准值
1	65	70	1	110	123	1		
2	122	130	2	65	60	2		
3	113	110	3	85	86	3		
4	99	90	4	70	66	4		
5	118	115	5	105	100	5		

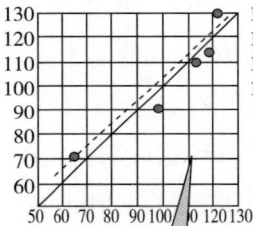

将评价值设为横轴，标准值设为纵轴，填写图表。在各点中间划一条直线，即可看出评价的倾向。

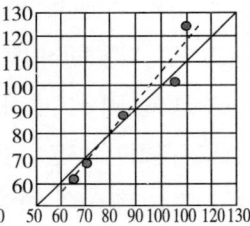

一边看录像一边对各场景进行评价，并填写评价值。

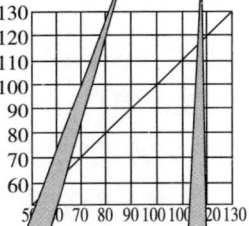

评价完各场景后，填写标准值。

图 3-6　评价训练用表

社团法人日本能率协会曾经出版过一系列评价训练教材，附带的录像带中收录了不同速度的各种作业，但该书现在已经绝版，而且社会上也不再开办评价训练的学习班，因此在日本国内已经难以进行评价训练了。

将评价值设为横轴，标准值设为纵轴，填写图表。

在各点中间划一条线，即可看出评价的倾向。

一边看录像一边对各场景进行评价，并填写评价值。

评价完各场景后，填写标准值。

当时间研究的目的是为了改善作业或平衡流水线的时候，有时会采取简略的方式，首先想象熟悉该作业的普通作业人员，然后分为三种情况进行评价，即，作业速度快（A：115%）、普通（B：100%）、作业速度慢（C：85%），并套用时间值。

然而在设定标准时间之际，我们还是需要掌握评价能力的，同时还需要探讨是否使用不需要评价的标准时间设定方法（PTS 法等）。

3-5　工作采样

工作采样是最简单的作业测定方法之一，它基于统计理论的基础，通过在随机时间进行抽查（采样），对事先分类的各项工作内容的动作的执行比例进行定量的分析。随机时间表的例子如表 3-5 所示。

在不需要作业方法的支持或者难以找到作业方法的支持时，用这种工作采样方法来计算各项作业内容的时间值。具体来说，该方法可以：

表3-5　随机时刻表

No.	1	2	3	4	5	6	7	8	9	10
1	0:05 (19)	0:20	0:10	0:15	0:05 (18)	0:10 (23)	0:15 (23)	0:05 (17)	0:25	0:05
2	0:20	0:50 (18)	0:35 (16)	0:25	0:25	0:25 (21)	0:20 (21)	0:20 (18)	0:30	0:15
3	0:55	1:20 (24)	0:55 (16)	1:20 (16)	0:45	0:30	0:35 (16)	1:05 (15)	0:40 (15)	0:40
4	1:10 (22)	1:45 (21)	1:00 (24)	1:40 (23)	1:05	1:10	0:50 (15)	1:30	0:45 (24)	1:30
5	1:20 (20)	1:55	1:10 (24)	1:55	1:50 (21)	1:20	1:00	1:30	1:00	1:45
6	1:35 (24)	2:00	1:45	2:00	2:10 (20)	1:30	1:25 (23)	2:05	1:10 (18)	2:20
7	2:30	2:30	2:00	2:30	2:20	2:25	1:40 (22)	2:25	1:25 (17)	2:25
8	3:05	2:40	2:05 (19)	2:50 (15)	2:30 (19)	2:35	1:50 (25)	2:40 (24)	1:40	3:10
9	3:10 (16)	3:10	2:45 (21)	3:10	2:35 (17)	2:40 (24)	1:55 (19)	3:20 (16)	2:15	3:40
10	3:15 (25)	3:30	2:50	3:30 (18)	2:50 (23)	2:40 (19)	2:40	4:25	2:30	3:50
11	3:25	3:40	3:00 (22)	3:45	3:00 (16)	2:55 (24)	3:05	4:45	2:40 (15)	4:15
12	3:45 (21)	3:50	3:20	3:50 (22)	3:10	3:05 (19)	3:50	4:50	2:45	4:20
13	4:00	4:05	3:30	4:30	3:40	3:15 (17)	4:00	4:55	3:05 (21)	4:30
14	4:10	4:15 (16)	4:40 (20)	4:40 (20)	3:45 (24)	3:25 (15)	4:25 (18)	4:55	3:30 (16)	4:40
15	4:35 (18)	4:20 (17)	4:45	5:10	4:30 (15)	3:30	4:45 (20)	5:05 (25)	3:35	4:55
16	4:55	4:25 (19)	4:55 (23)	5:20	5:00	3:40 (16)	5:00 (20)	5:15	4:00	5:00
17	5:00	4:30	5:00 (15)	5:30 (17)	5:45	3:50	5:10	5:50	4:15	5:15
18	5:05 (15)	4:35 (15)	5:55 (18)	5:45 (25)	5:50 (22)	4:00 (18)	5:15 (24)	5:55 (22)	4:15 (23)	(19)
19	5:35 (17)	5:20 (25)	6:00 (25)	5:50 (19)	5:55	4:15	6:20	6:00 (22)	4:50 (20)	5:25
20	5:55	6:15	6:05	6:15 (21)	6:00	4:25	6:25	6:20 (20)	5:45 (22)	6:05
21	6:20 (23)	6:40	6:35 (23)	6:20	6:35	4:35 (18)	6:50	6:35 (19)	5:50	6:45
22	6:45	6:45 (20)	6:40 (15)	6:25 (24)	6:45	5:40 (22)	6:55 (25)	7:10 (23)	3:25	7:15
23	6:50	7:10 (25)	7:10	6:50	7:00 (25)	6:45 (25)	7:15	7:15	6:50 (25)	7:25
24	7:10	7:35	7:35	7:30	7:45	6:55	7:40	7:30 (21)	7:05 (19)	7:35
25	7:25		7:50 (17)	7:55	7:55	7:35 (20)	7:45 (17)	7:30	7:30	7:55

注:1) 各数值表示 8 小时工作制中开始工作后流逝的时间。比方说,如果 8:00 开始工作的话,0:05 表示 8:00+0.05=8:05　7:25 表示 8:00+7:25=15:25。

2) 各组数据都包括 25 个时间点,如果想减少样本数量的话,可以从有()内数值较大的时间点开始依次减少。

3) 如果想增加样本数量的话,可以将两个以上的小项合并。

4) 如果得出的时刻在休息时间内的话弃之不用。

本表从中岛肯吾著的《经济所需的标准时间・基础编》(日本能率协会)一书进行引用、编辑。

①计算设备及人员的作业内容及其作业率

● 调查设备与人的剩余能力

● 均衡设备与人的能力，降低两者的作业损失，提高作业效率

● 探讨是否需要增加设备或增加人员

②设定标准时间

③决定延迟宽放

④作为详细分析的预备调查

该方法可以有效地应用于以上工作。

工作采样的步骤如下所示：

第一，根据研究目的将作业内容、要素进行分类，并弄清楚每项具体因素。

比方说，如果目的是调查设备停运时间及其原因的话，我们需要将其分类为设备的运转情况、生产、筹备、换色、调整、检查、停运（有需要的话再对由于缺乏材料而造成的停止等原因进行细分化）等等，并对各类别进行定义。

请参看表 3-6 的工作采样观测用表，特别是在调查作业人员的损失之际，我们需要定义该作业要素是否与生产产品附加价值直接相关（即基本作业。非直接相关的作业称为辅助作业）。

第二，根据过去的数据或是进行 1~2 天的预备观测，预计需要测定的要素。

第三，制订观测计划。 根据所期待结果的准确度来决定可信度（研究结果真实值的准确程度。 在作业研究中能达到 95% 即足够）及精确度（推定值的范围加5%），并计算观测次数。

也可以通过图 3-7 所示的计算图来进行计算。

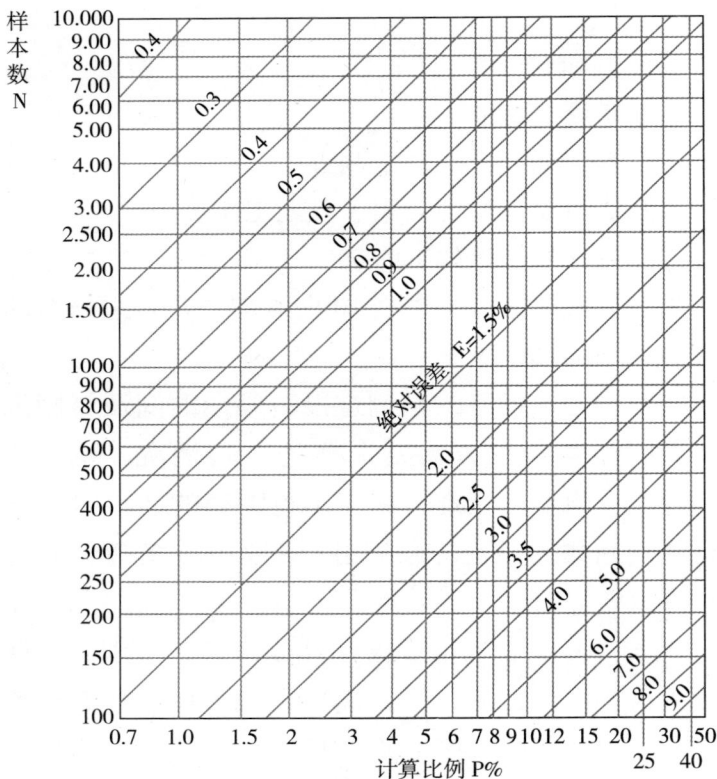

资料来源：转载自中岛誉富所著的《经营所需的标准时间·基础编》（日本能率协会）。

图 3-7　观测次数计划图

①观测总次数

通过以下公式进行计算。

$$N = \sigma\left[(1-p)/S\right]p$$

S——必要的精确度（用小数表示）

P——出现比例（用小数表示）

N——观测次数

σ——可信度所决定的值（95% 为 1.96、90% 为 1.65）

详细请参照参考文献。

②决定观测对象——人数或是设备台数

③观测者

根据研究目的的不同，有时候需要选择熟悉作业内容的人。

此外，工作采样的观测者需要在观测的瞬间记录事实，以防掺进个人偏见。因此观测者需要详细了解作业、作业场所以及实际作业的人员。

④观测天数

决定一天观测几次以及观测时间。

⑤观测用表

表 3-6 是调查机械工厂作业人员的作业内容的观测用表。各栏目的内容因研究目的和观测对象而异，需要讨论后再填写。

表 3-6　工作采样用表

观测者：　　　　　观测日期：　　　　　作业人员：　　　　　工厂：

观测内容		观测时间								合计
分类	要素	6/18 11：13	6/18 14：20	6/18 16：12	6/19 9：41	6/19 10：07	6/19 13：34	6/20 8：39	6/20 11：50	
基本	加工	2	4	5	6	7	6	5	3	38
	安装、拆卸	1	2	0	2	2	0	1	3	11
	检查、核对数量	3	2	3	1	1	4	2	1	17
	包装	1	4	2	2	3	2	4	4	22
	其他基本作业									0
										0
辅助	搬运零件、工具	5	2	1	4	5	1	3	3	24
	清扫	2	0	5	1	0	0	2	0	10
	交换信息	3	0	3	5	1	2	3	6	23
	调整机器	5	2	1	5	1	0	5	2	21
	监视机器	4	7	6	4	7	7	3	4	42
	搬运(吊车、叉车)	2	3	3	3	4	1	4	4	24
	填写票据	1	3	4	1	2	4	2	5	22
	准备程序、交换工具	3	0	4	2	5	3	5	2	24
	其他辅助作业	2	1	1	0	0	0	1	0	5
										0
										0
其他	不在	4	6	3	3	2	5	3	5	31
	空运转、空搬运	2	5	0	0	1	0	0	2	10
	等待	6	4	5	6	4	7	4	5	41
	喝水、擦汗、上厕所	2	2	0	0	0	2	1	0	7
	交谈	3	5	2	4	3	5	1	0	23
	行走	5	3	7	5	7	5	8	7	47
	其他									0
										0
										0
										0
Total	合计	56	55	55	54	55	54	57	56	442

⑥观测方法

我们需要事先决定作业人员或设备的观测位置，并计划好随机的观测时间、路线。

第四，依照观测计划和随机时刻表巡视工厂，确认对象到达一定观测位置时的活动内容、要素，并根据事先划分的类别进行分类记录。

第五，总结、分析结果。

● 整理、计算每天的数据。

● 找出异常值并追究其原因，从研究目的出发讨论是否应该弃用该数值。

● 得到大致稳定的结果后，检查数据的精确度，并结束观测。

● 计算各要素所占的比例，将其汇总为饼状图等图表（参照图1-10机械工厂的采样结果）。

● 通过分析结果的执行比例和观测期间的产量等来计算对象作业所需要的时间，并进行评价，即可计算出基本时间。

此外还需要同时参照上述图表的内容，探讨问题点的改善方案，并对效果等方面进行定量的推算。

将工作采样的结果直接应用于标准时间，比根据时间研究进行详细的直接观测更加经济实用，并且可以在短期内进行。但如果想要提高精确度的话，则需要增加观测次数，同时还需要进行评价，因此现在该方法主要用于设定工业设备、自动机械、生产大型产品的工厂等长周期项目的人员和设备的标准时间。

工作采样还可以有效地应用于重复性低、难以严格确立标准作业的事务以及间接的技术性工作，大家在分析此类作业时应更加积极使用这一方法。

3-6　各种 PTS 法

在本书第一章的 1-2 节中讲解 IE 历史时也提到过，根据时间研究和作业评价来设定标准时间的方法由于在评价时会伴随有观测者的主观性判断，所以在采取效率工资制时会产生一些疑义。因此人们开发了各种不需要评价的预定标准时间设定方法（Pre-determined Time Standard，后文简称为 PTS 法），主要的方法如表 3-7 所示。

时间研究和作业评价经常会遇到由观测者的主观造成的错误、读取时间的误差、记录的笔误等问题，而更重要的问题是，所分析的作业方法本身是否合理。PTS 法正是为了解决这些问题而开发的。

PTS 法可以克服此类直接观测法的基本缺陷，同时还能有效地设计、改善作业方法，并对作业人员进行有效的作业指导、训练。

与直接观测法相比，PTS 法具有以下优点：

表3-7 PTS法一览

编号	名 称	略 称	开发者	开发年份	概 要	用 途	变动因素及其他
1	Work Factor	WF	A. B. Segur	1925	1925年左右开发的最早的PTS法。30年代初，费城劳动工会使用效率工资制订的标准计算时间。薪酬，人们对用秒表所制订的标准时间有所不满，后使用该方法通过动作时间数据通过计算正常时间。	●动作、精神作用的时间 ●基本动作及其变动因素	1930年得到劳动工会的承认，代替秒表使用。
2	Methods Time Measurement	MTM-1	Maynard Stegemerten John Schwab	1948	普及率最广的PTS法。梅纳德等人进行了大量的微细动作研究（Micro Motion Study）。并将作业分解为PTS法。该方法将各种身体状态或动作分解为基本动作，并根据其住或质状态，分配事先决定的标准时间。同时也是其它MTM系统的基础数据。	●按动作分类的预定标准时间 ●分析各种身体动作 ●与美国国防部的基准相合	使用身体部位、动作距离，控制程度、重量或握力，同时动作，伸手、搬运、旋转、对准、抓取、放手、拆卸、视线动作，身体动作。
3	Basic Motion Time Study	BMT	Woods & Gordon Canadian Co.	1951	加拿大的公司所开发的简洁型PTS法。	基本动作与等级 A：用笨固的对象物件制止；B：用肌肉力量制止；C：同时使用肌肉力量和对象物件	移动距离，注视的必要性，准确度、重量、同时动作
4	Modular arrangement of predetermined time standards	MODAPTS	于澳大利亚开发		比较易于使用的PTS法。MODAPTS是Modular arrangement of predetermined time standards的简称。其特点为宏观基于分析，人机工程学方面的评价等。	该正方法与美国国防部、劳动动部的基准相符，得到了广泛认可。	关键在于使用身体部位的动作速度差异，符合人机工程学的分析。
5	General Sewing Data	GSD	Method Workshop Limited Lancashire. England		英国以MTM数据为基础，为服装业的缝制作业所开发的数据库。其特点为适用于重复作业。		剪边，一起放置、缝合、镶边，侧面放置

编号	名 称	略 称	开发者	开发年份	概 要	用 途	变动因素及其他
6	MTM-MEK data system	MTM-MEK	德国 MTM 协会 瑞士 MTM 协会 奥地利 MTM 协会	1970s	德国、瑞士、奥地利 MTM 协会了测定一种采者或少量订购的产品的多种作业为主要企业为而开发的 PTS 法。其特点放统计性处理。	• 分析速度快 • 可以在生产阶段、开发阶段使用	变动因素只有生产前知道的因素 将行为及其特点定义为工具的使用
7	Universal Standard Data	USD	—	1954	1954 年以 MTM-1 为基础开发的数据库。可以在短时间内进行分析。适用于各种农业拖拉机等多种类、大型产品的装配作业。	• 可将其作为标准时间数据使用 • 适合较长周期、多种类的作业	抓取、放置、旋转对象物件、行走、弯曲动作 使用用 MTM 基本动作及时间值
8	Master standard data	MSD	Serge A. Bim Co.	1950s	50 年代以 MTM 为基础而开发。用于较量产型（10000/年左右）人工业的标准时间资料（数据）。将统计中常见的动作整理成数据。	10000 个/年的量产型产品	抓取、放置、旋转、使用、移动手部、身体动作 能否进行同时动作的一览表
9	MTM-2	MTM-2	瑞典开发	1978	瑞典 MTM 协会针对重视分析速度、不需要 MTM-1 的精确度的标准时间设负责人开发的方法。结合 MTM-1 的基本动作进行使用，时间值表只有 39 种数据。	与 MTM-1 一样，在分析方法、测定作业、计划时间方面有效	只有 9 种要素，其中只有 2 种要素有变化(抓取、放置、旋转、重新捕捉、现线动作、弯曲动、步行、脚部动作、弯腰(伸腰)
10	MTM-3	MTM-3	国际 MTM 理事会开发	1978	瑞典国际 MTM 理事会于 1978 年开发的方法。主要用于少量订购、非量产型作业。MTM-1 的简易版。	• 分析作业方法和动作离因周期而异时间 • 不适合短周期的重复性作业	仅通过 4 种动作(操作、搬运、走路、弯腰)和 10 项动值进行分析 控制的程度与距离
11	Maynard Operation Sequence Techniques	Basic Most MINI MOST MAXI MOST MOST for Windows 等	Method under associates	1980	1980 年发售了 MOST Work Measurement Systems。Basic MOST 着眼于对象物件的动作中所需要的一系列动作类型，分析速度较快。其分析单位不是基本动作，而是由多个基本动作组成的活动（作业要素或作业单元），根据动作的顺序模型计算时间值。	• 一般移动顺序 • 受数移动顺序 • 使用工具顺序 • 与美国国际部、劳动部的准相符	A:移动距离 B:身体动作 G:在控制下放置 P:放置 M:在控制下搬运 X:流程时间 I:决定位置

084

● 可以设定短期标准时间和标准时间资料，并减少设定工作的负荷。

● 由于已经整理好了作业方法与时间的关系，因此可以事先系统地改善作业方法、提高生产率，并找出最佳作业方法。

● 在指导作业之际，可以指出方法和技术的细微差异。

● 在生产开始之前，即可通过图纸找出产品设计及设备、治具设计方面的问题点。

● 方便向管理、监督人员及作业人员解释标准时间，同时也便于他们理解标准时间。

● 可以公平地决定作业量和按件工资制等规定的单价，同时也容易得到作业人员的理解。

● 在生产前可以方便地、准确地估测时间和成本。

● 方便事先制作生产计划、能力计划、交货期等基础资料。

3-7　PTS 法的优点与界限

（1）使用 PTS 法设定标准时间时的优点

主要分为以下五点：

①可以得出经过深入讨论的方法

在使用 PTS 法设定标准时间之际，我们需要事先对作业方法进行完整的分析，并确认构成各作业要素的动作。　通过事先详细划分动作种类，确认现在所使用的方法的问题点以及其他效率不高的原因。

　　从结果来看，在正式工作之际通过 PTS 法的分析可以制订工序流程。　同时在进行开发新产品等新工作时，也必然可以得出经过深入讨论的方法，并有可能设定"理想的"标准时间。

　　②可以排除主观性因素、具有一致性

　　PTS 法不需要分析者进行绩效评价，因此可以排除主观性因素，得出具有高度一致性的公正的标准时间。

　　③可以用于计划阶段的作业

　　通过直接观测法设定作业标准时间时，必须在实际作业阶段才能测定作业时间。　而如果使用 PTS 法的话，即使作业对象尚处于计划阶段，无法观测实际作业，分析者也能将该作业可视化，并合成、设定标准时间。

　　④在新产品上线时尤为有效

　　PTS 法还可以提供熟习期间的相关数据，因此我们可以绘制、应用熟练曲线，便于在新产品或新服务上线时设定标准时间。

　　⑤还可以用于人机学方面的讨论

　　由于人机学方面的数据事先也得到了整理，因此通过 PTS 法分析可以得出从人机学角度看来困难的作业及易产生疲劳的作业的定量分析结果。

（2）PTS 法的界限

相反，PTS 法的界限很难适用于机械为主的作业。几乎所有的 PTS 法总结的都是人类的动作时间，而不以机器时间为对象。

同时有些系统是为办公作业或缝制作业等特定领域制订的，无法用于其他领域的作业。

此外，PTS 法中的定义和规则数量过多，为了理解、应用这些规则，只有花费大量时间与费用，这也可以算是 PTS 法的界限之一。

3-8　MTM 方法

PTS 方法中普及率最高的是本节将要介绍的 MTM-1 方法（MTM-1：Method Time Measurement 的简称）。

MTM-1 以细微动作为单位详细地分析人们作业时的作业方法，该方法将作业分割为必需的基本动作，并根据该动作的特点或条件，分配事先决定的时间值。 MTM-1 在计算动作时间之际的"基本动作"主要包括以下十种。 前文中的图 3-2 列举了各动作的具体例子：

①伸手　　　R：Reach
②搬运　　　M：Move
③旋转　　　T：Turn

087

④加压　　　　　AP（Apply Pressure）

⑤抓取　　　　　G：Grasp

⑥对准　　　　　P：Position

⑦放手　　　　　RL：Release

⑧拆卸　　　　　D：Disengage

⑨视线的时间　　ET：Eye Travel times⋯⋯视线的移动

　　　　　　　　EF：Eye Focus⋯⋯对焦

⑩全身动作　　　Body Motions

　　MTM-1 的每项基本动作都有相应的时间表，根据作业中包含的各种基本动作及其种类（Case）以及距离、重量等变动因素选择或计算时间值，从而计算出基本时间。

　　MTM-1 动作时间表如表 3-8～表 3-12 所示。

　　根据 MTM-1 分析的例子：

　　比方说，一项作业需要从桌上拿起手机，该作业的要素包括以下几个部分：

	分析代码	时间值
①把手伸向手机（26cm）	R26B	11.7
②抓取	G1A	2.0
③搬运（26cm）	M26B	12.3
	合计	26.0TMU

表 3-8 MTM 动作时间表(1)

(表 I)伸手 R(Reach)

距离 (cm)	时间值(TMU)				手移动时的 场合(m)		类 别 说 明
	A	B	C·D	E	A	B	
2 以下 4 6 8 10	2.0 3.4 4.5 5.5 6.1	2.0 3.4 4.5 5.5 6.3	2.0 5.1 6.5 7.5 8.4	2.0 3.2 4.4 5.5 6.8	1.6 3.0 3.9 4.6 4.9	1.6 2.4 3.1 3.7 4.3	A ● 将手伸向一定的位置 ● 将手伸向另一只手里拿着的目 标物件 ● 将另一只手伸向放置着的目标 物件
12 14 16 18 20	6.4 6.8 7.1 7.5 7.8	7.4 8.2 8.8 9.4 10.0	9.1 9.7 10.3 10.8 11.4	7.3 7.8 8.2 8.7 9.2	5.2 5.5 5.8 6.1 6.5	4.8 5.4 5.9 6.5 7.1	B ● 将手伸向每次进行作业时位置 都会发生改变的目标物件
22 24 26 28 30	8.1 8.5 8.8 9.2 9.5	10.5 11.1 11.7 12.2 12.3	11.9 12.5 13.0 13.6 14.1	9.7 10.2 11.7 11.2 11.7	6.8 7.1 7.4 7.7 8.0	7.7 8.2 8.8 9.4 9.9	C ● 将手伸向杂乱物中的目标物件
35 40 45 50 55 60	10.4 11.3 12.1 13.0 13.9 14.7	14.2 15.6 17.0 18.4 19.8 21.2	15.5 16.8 18.2 19.6 20.0 22.3	12.9 14.1 15.3 16.5 17.8 19.0	8.8 9.6 10.4 11.2 12.0 12.8	11.4 12.8 14.2 15.7 17.1 18.5	D ● 将手伸向非常小、或是需要准 确握取的目标物件
65 70 75 80	15.6 16.5 17.3 18.2	22.6 24.1 25.5 26.9	23.6 25.0 26.4 27.7	20.2 21.4 22.6 23.9	13.5 14.3 15.1 15.9	19.9 21.8 22.4 24.2	E ● 将手恢复到自然位置,或是放 置方便进行下一个动作的位 置,或是弯向一侧

089

表 3-9　MTM 动作时间表（2）
（表 II）搬运　M（Move）

距离（cm）	时间值（TMU）				重量修正			类别说明
	A	B	C	手移动时的场合 B（m）	重量（kg）	系数	常数	
2 以下	2.0	2.0	2.0	1.7	1	1.00	0.0	
4	3.1	4.0	4.5	2.8				A
6	4.1	5.0	5.8	3.1	2	1.04	1.6	
8	5.1	5.9	6.9	3.7				● 将目标物件搬运至另一只手,或搬运到停留处为止
10	6.1	6.8	7.9	4.3	4	1.07	2.8	
12	6.9	7.7	8.8	4.9				
14	7.7	8.5	9.8	5.4	6	1.12	4.3	
16	8.3	9.2	10.5	6.0				
18	9.0	9.8	11.1	6.5	8	1.17	5.8	
20	9.6	10.5	11.7	7.1				
22	10.2	11.2	12.4	7.6	10	1.22	7.3	B
24	10.8	11.8	13.0	8.2				
26	11.5	12.3	13.7	8.7	12	1.27	8.8	● 将目标物件搬运至大致的位置
28	12.1	12.8	14.4	9.3				
30	12.7	13.3	15.1	9.8	14	1.32	10.4	
35	14.3	14.5	16.8	11.2				
40	15.8	15.6	18.5	12.6	16	1.36	11.9	
45	17.4	16.8	20.1	14.0				
50	19.0	18.0	21.8	15.4	18	1.41	13.4	C
55	20.5	19.2	23.5	16.8				
60	22.1	20.4	25.2	18.2	20	1.46	14.9	● 将目标物件搬运至正确的位置
65	23.6	21.6	26.9	19.5				
70	25.2	22.8	28.6	20.9				
75	26.7	24.0	30.3	22.3	22	1.51	16.4	
80	28.3	25.2	32.0	23.7				

表 III　旋转 T（Turn）与加压 AP（Apply Pressure）

重量（kg）	各旋转角度的时间值（TMU）										
	30°	45°	60°	75°	90°	105°	120°	135°	150°	165°	180°
小（S）0~1	2.8	3.5	4.1	4.8	5.4	6.1	6.8	7.4	8.1	8.7	9.4
中（M）1.1~5	4.4	5.5	6.5	7.5	8.5	9.6	10.6	11.6	12.7	13.7	14.8
大（L）5.1~16	8.4	10.5	12.3	14.4	16.2	18.3	20.4	22.2	24.3	26.1	28.2

施力　类别 1（AP1）-16.2TMU　类别 2（AP2）-10.6TMU

表 3-10　MTM 动作时间表（3）

表（Ⅳ）　抓取 G（Grasp）

类别	时间值 TMU	说　　明
1A	2.0	直接抓取小型、中型、大型物件 容易抓取的情况
1B	3.5	抓取非常小的物件，或是紧贴在平面上的物件
1C1	7.3	抓取底面和侧面有障碍物的圆筒形物件　　直径 12mm 以上
1C2	8.7	同上　　　　　　　　　　　　　　　　　直径 6mm～12mm
1C3	5.6	同上　　　　　　　　　　　　　　　　　直径 6mm 以下
2	5.6	重新抓取
3	5.6	用另一只手抓取
4A	7.3	抓取杂乱的物件 （需要寻找和挑选）　　大于 25mm×25mm×25mm
4B	9.1	同上　　　　　　　　6mm×6mm×6mm～25mm×25mm
4C	12.9	同上　　　　　　　　小于 6mm×6mm×6mm
5	0	抓取接触的物件、抓取滑动的物件、抓取悬挂的物件

（表 Ⅴ）对准　P（Position）

啮　合　程　度		对称性	操作简单 （E）	操作困难 （D）
1. 松	不需要压按	对称 S	5.6	11.2
		非对称 SS	9.1	14.7
		非对称 NS	10.4	16.0
2. 牢固	需要轻轻压按	对称 S	16.2	21.8
		非对称 SS	19.7	25.3
		非对称 NS	21.0	26.6
3. 非常牢固	需要用力压按	对称 S	43.0	48.6
		非对称 SS	46.5	52.1
		非对称 NS	47.8	53.4

表 3-11 MTM 动作时间表（4）

表（VI） 放手 RL（Release）

类别	时间值 TMU	说　明
1	2.0	单独放开手指、释放目的物件
2	0	放开接触的物件

（表VII） 拆卸 D（Disengage）

啮合程度	操作简单	操作困难
1-松　只需稍用力即可进行下一动作	4.0	5.7
2-较牢固　需要普通的力气、稍微伴随有反力	7.5	11.8
3-牢固　需要很大的努力。可以明显感觉到手的反力	22.9	34.7

（表VIII） 视线的移动时间 ET 与视线对准焦点的时间 EF

视线的移动时间　ET＝15.2×T/D TMU（最大值为20TMU）

　　其中　　T＝视线的移动距离

　　　　　　D＝眼睛与视线移动线的垂直距离

对准视线的焦点　EF＝7.3TMU

（表IX） 身体、足部、脚部的动作

说　明	编　码	距　离	时间值 TMU
足部动作——以脚踝为支点 　　　　——使劲用脚踩脚部、 腿部及小腿动作	FM FMP LM	到10cm 为止 到15cm 为止 每增加 1cm	8.5 19.1 7.1 0.5
迈出步伐 类别 1——踏出的脚接触到地板时 结束 类别 2——在下一动作开始之前， 必须将另一只脚也踩在地板上	SS-C1 SS-C2	30cm 以下时 30cm 每增加 1cm 30cm 每增加 1cm	请参照 R 或 M 表 17.0 0.2 34.1 0.4
曲膝、跪、单膝跪 　　　　　　　站立 双膝跪地 　　　　　　　站立	B,S,KOK AB,AS,AKOK KBK AKBK		29.0 31.9 69.4 76.7
坐立 从坐立到站立 改变身体方向(45~90°) 类别 1　踏出的脚接触到地板时 结束 类别 2　在下一动作开始之前， 必须将另一只脚也踩在地板上	SIT STD TBC1 TBC2		34.7 43.4 18.6 37.2
行　　走 行　　走 行　　走——有障碍的场合	W-FT W-P W-PO	平均每米 平均每步 平均每步	17.4 15.0 17.0

表 3-12　MTM 动作时间表（5）

（表X）同时动作

伸手			搬运			抓取			对准			拆卸		类　　别	动作
A E	B	C D	A B	B	C	G1A G2 G5	G1B G1C	G4	P1S	P1SS P2S	P1NS P2NS P2NS	D1E D1D	D2		
	W · O	W · O	W · O	W · O		W · O	W · O	E · D	E · D	E · D	E · D		E · D		
														A，E	伸手
														B	
														CD	
														A，Bm	搬运
														B	
														C	
														G1A,G2,G5	抓取
														G1B，G1C	
														G4	
														P1S	对准
														P1SS，P2S	
														P1NS,P2SS,P2NS	
														D1E，D1D	拆卸
														D2	

□ 容易同时进行的动作
⊠ 熟练后可以同时进行的动作
▨ 即使熟练后也无法同时进行的动作

旋转　T···除了需要注意的"旋转"或拆卸以外都容易同时进行动作
加压　AP···所有情况下均可。根据动作进行判断
对准　P···P3非常困难
拆卸　D···D3一般困难
放手　RL···始终很容易
拆卸　D···如果在操作时不能损伤目标物件，则各种啮合度均很困难
　　·W=正常视野内　　　O=正常视野外
　··E=操作简单　　　　D=操作复杂

　　也就是说，该作业可以分为三个动作。 每个动作及其时间值都可以从基本动作数据表——表 3-8 "伸手"、表 3-10 "抓取"、表 3-9 "搬运"的时间表中找到，并通

过上述分析代码来计算时间值。

"将手伸向手机"的分析代码为 R26B，R 是伸手（Reach）动作的代码，26 是移动距离（cm），B 是动作类别的代码，表示动作类别为将手伸向目标物件之际，每次作业的位置都会稍有不同。

G1A 中的 G 是握取（Grasp）动作的代码，1A 表示容易握取的类别。M26B 同样表示了搬运（Move）的代码、搬运距离和动作类别。同样我们可以从 MTM 时间值表的表 I、表 IV、表 II 中选择相应的时间值。

合计时间为 26TMU，1TMU 相当于 10 万分之 1 小时（Time Measurement Unit，时间测定单位），因此合计 26TMU 约为 0.9 秒。

接下来让我们来看看使用 MTM 时间值表中各基本动作时的要点。只要掌握了这些要点即可应用于实际作业。本书省略了一部分不常见动作的详细 MTM 规则，如有需要请另行参照其他参考资料。

（1）伸手 R、搬运 M（表 I、表 II）

"伸手"的定义——将手或手指伸向目标，或是在做下一个动作之前空手移动，以便手能在合适的地方得到休息。

"搬运"的定义——用手或手指将对象物件移动至目的地。

时间值变化的主要原因：

• 动作距离——用尺子测量实际移动路径。

• 根据动作的目的决定类别 A、B、C 等——在表的
右栏加以说明。

• 动作类型有无 m ——在开始伸手与结束时不需要
进行加速或减速、只需保持移动状态，以及碰到物体、
手或手指不需要减速即可停止时，我们将在分析代码的
前后加上表示动作进行中（in motion）的 m，并将其区
分为 I、II、III 三种类型。

类型 I：R12A

类型 II：mR26A（开始时没有加速）

　　　　M26Bm（结束时没有减速）

类型 III：mR26Am（既没有加速也没有减速）

• 搬运对象的重量或阻力——用选择的时间值乘以
系数后再加上常数。

（2）旋转 T、加压 AP（表 III）

"旋转"的定义——以前臂为轴空手转动或转动物件
的基本动作。

"加压"的定义——反逆阻力、附加力量的基本
动作。

时间值变化的主要原因：

095

旋转 $\begin{cases} ①重量 \\ ②旋转角度 \end{cases}$

（3）抓取 G （表Ⅳ）

定义：为了进行下一个基本动作，用手指或手控制一个或几个物件的基本动作。

时间值变化的主要原因：

动作类别

（4）对准 P （表Ⅴ）

定义：使物件与另一物件对准整齐、套合的整本动作。 对准不一定要将物件结合在一起，有时将两点对齐即可。

时间值变化的主要原因：

- 啮合的程度
- 对称性（对称 S、半对称 SS、不对称 NS）
- 操作的难易程度（E、D）

（5）放手 RL（表Ⅵ）

定义：与"抓取"相反的动作，指停止用手指或手控制目标物件。

时间值变化的主要原因：

动作类别

（6）拆卸 D（表 VII）

定义：为了将一个物件从与之相结合的物件处拆离时的基本动作，在阻力突然消失时会产生手的反作用力。

时间值变化的主要原因：

- 啮合的程度
- 操作的难易程度（E、D）

（7）移动视线和对准焦点（表 VIII）

"移动视线"的定义——将视线从一处移动至另一处的基本动作

"对准焦点"的定义——不移动视线，在可见范围内对准焦点的基本动作

时间值变化的主要原因：

视线移动 { ①视线的移动距离 ②视线到对象的垂直距离

（8）全身动作（表 IX）

——总结了腿部、足部、身体的动作编码及时间值。

（9）同时动作（表 X）

——由于难以判断是否可以用双手同时动作，为了不掺入个人的主观判断，将其整理为表格。

在 MTM 时间值表的最后，让我们来看看表 3-13，这是根据 MTM 方法进行分析的实际例子。

表 3-13　MTM 分析例

MTM 分析表						
部门： 作业： 分析者：			填写日期： 资料编号： 页码：　　　／			
左手 动作内容	频率	分析代码	TMU	分析代码	频率	右手 动作内容
将手伸向账单		(R5B)	10.1	R88		将手伸向缴费票据
抓取账单		G1B	3.5			
			3.5	G1B		抓取缴费票据
将账单从桌子上拿起来		(M4B)	11.1	M7C		将缴费票据移动至账单
			9.1	P1SSE		将缴费票据与账单重合
抓取缴费票据与账单的一端		G3	5.6	G3		放开缴费票据
			12.2	R9C		将手伸向曲别针
			9.1	G4A		抓取一枚曲别针
			12.7	M9C		将曲别针移动至缴费票据
			0	T90S/		弄弯曲别针（同时动作）
			25.3	P2SSD		用曲别针固定账单和缴费票据

098

（续表）

			2	RL1		放开曲别针
将账单移动至文件盒		M14B	14.6	（R4E）		手回原位
放入账单、松手		RL1	2			
		合计	120.8	TMU		（4.35秒）

3-9 MOST

MOST 是到现在为止介绍的 PTS 法中最新的方法。它可以通过最短的时间设定标准时间，如今该方法已经开始在世界范围内得到普及。

MOST 是 Maynard Operation Sequence Technique 的简称。

MOST 最初开发于 1980 年，1990 年得到了升级，此外还出版了使用指南（请参照参考文献）。 其中介绍了MOST 系统的计算机版本，包括现在几乎可以用于所有计算机上的 MOST for Windows。

在这一小节主要介绍最基础的 MOST， 即 Basic MOST。

MOST 这种 PTS 方法的优点与 MTM 类似，然而分析速度如后表所示，Basic MOST 的分析时间相当于 MTM-1

的 1/40。

作业测定方法

每小时可能分析的 TMU's

作业测定方法	每小时可能分析的 TMU's
MTM-1	300
MTM-2	1000
MTM-3	3000
Mini MOST	4000
Basic MOST	12000
Maxi MOST	25000

MOST 的优点:

● 可以设定以普通速度、平均技术水平进行的正常速度的基本时间值（也可以换算为高效标准）

● 不需要进行评价

● 几乎不需要使用秒表

● 分析时间短

● 可以保证精确度和可信度

● 文档简单易懂、完备齐全

● 可以借助方法进行分析，在分析的基础上进行作业

● 只要知道作业方法，就能自动设定时间

● 容易学习

100

MTM 的分析对象是伸手、抓取、搬运、装配等动作，而 MOST 是将从抓取对象物件、搬运到归还为止的一系列动作作为"顺序"来分析的。 让我们来看看以下几个例子。

● 抓取手够得着的范围内的轻物件，并在手够得着的范围内（或调整场所）进行装配，将手放下，返回原来的位置。

A1 B0 G1　　A1 B0 P3 A1　　　　70TMU　　2. 52 秒
（这是普通移动顺序）

● 把手伸向并抓取操作杆，将其移动 15cm 后放手，手移动 25cm 后回到身体旁边。

A1 B0 G1　　M6 X0 I0 A0　　　　80TMU　　2. 88 秒
（这是受控移动顺序）

● 取出手够得着的范围内的箱子里的螺钉，将其带到指定的场所，用手指旋拧（3 次），然后停止（手不用回原位）。

A1 B0 G1　A1 B0 P3 F6　A0 B0 P0　A0　120 TMU
4. 32 秒
（这是使用工具顺序）

101

这些顺序分为普通移动顺序、受控移动顺序、使用工具顺序三种类型。 所有的普通作业都可以使用各自顺序的数据表，根据规定来记录、分析作业顺序，并计算基本时间值。

接下来让我们来看看各种 MOST 的数据表。

（1）普通移动顺序

普通移动顺序的定义为某一对象物件不受空间的限制，从某一位置移至另一位置时，按照一定顺序执行的内容或行动。 该顺序用 Ａ Ｂ Ｇ － Ａ Ｂ Ｐ － Ａ 代码来表示。

普通移动顺序中依次进行的动作要素被称为"次级因素"（Sub-activity），其中包括以下七种因素：

● A： 直接伸向对象物件或随着身体动作或走路时将单手或双手伸向对象物件
● B： 如果需要身体动作的话也要对其进行分析
● G： 将对象物件置于手的控制下
● A： 移动对象物件
● B： 如果需要身体动作的话也要对其进行分析
● P： 将其置放于指定场所
● A： 返回原位

接着定义各种次级因素的内容，根据表 3-14 所示的"普通移动数据表"计算出序号值。

102

表 3-14 普通移动数据表

序号 ×10	A 动作距离		B 身体动作		G 置于控制下		P 决定位置		序号 ×10
	内容	关键词	内容	关键词	内容	关键词	内容	关键词	
								Basic MOST 系统　BG ABP A　普通移动		
0	≤2in ≤5cm	CLOSE					握在手中 轻轻投掷	THROW CARRY TOSS PICK UP	0
1	伸手即可接触到的范围				轻的对象物件 轻的对象物件（同时）	GRASP (optional)	置于一旁 轻轻搁在一起	MOVE PUT	1
3	1·2步	1STEP 2STEPS	屈膝及起身（出现率50%）	PBEND	轻的对象物件 有障碍（非同时）缠在一起 重物或是 集中一起 体积大	GET DISENGAGE FREE COLLECT	调整 轻推 2次调整	PLACE REPLACE	3
6	3·4步	3STEPS 4STEPS	屈膝及起身	BEND			注意 正确 看不见 有障碍 重放 途中的移动	POSITION REPOSITION	6
10	5·7步	5STEPS 6STEPS 7STEPS	坐下或站立	SIT STAND					10
16	8·10步	8STEPS 9STEPS 10STEPS	穿过门 上楼梯或下楼梯 站立后屈膝 屈膝后坐下	DOOR CLIMB/DESCEND STAND AND BEND BEND AND SIT					16

比方说，次级因素 A 表示活动距离，根据具体动作内容从 1 到 16 中选取序号值。每 1 个序号值表示10TMU，这样就能简单地计算出基本时间值。

例：A1　手指、手一次移动 30cm 以下的距离

A3　通过身体辅助运动伸出手臂，一次性移动 30cm以上的距离

此外，如图 3-8 所示，我们还可以将其分为起初的A B G，中间的 A B P 和最后的 A 三个阶段来考虑。每一阶段内常会出现重复作业，一般需要分别进行分析。

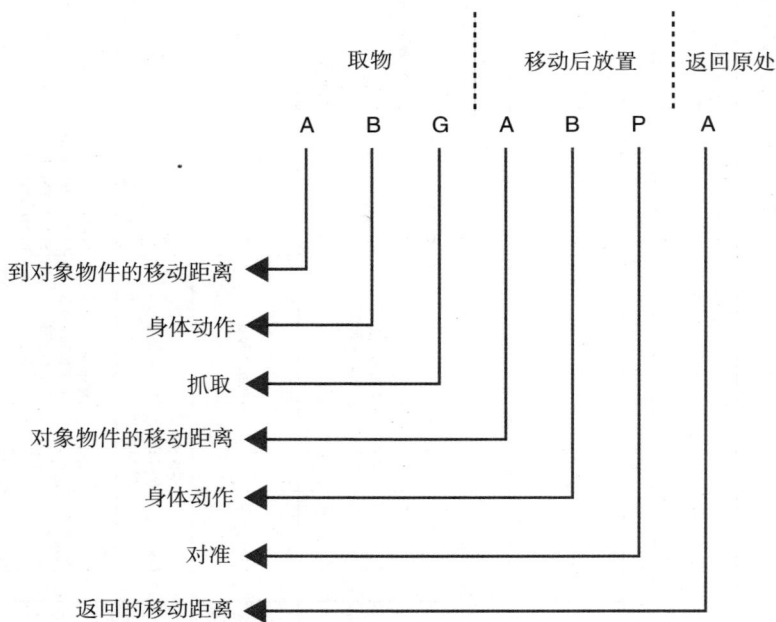

图 3-8　普通移动顺序的三阶段

104

（2）受控移动顺序

"受控移动顺序"一般用于在受控的途径上人工移动对象物件。 也就是说，对象物件或是接触其他物件，或是安装在其他物件上，或是必须经由特定的途径移动，至少会受到一个方向的限制。 表 3-15 是受控移动顺序的数据表。 该类型主要用于以下场合。

- 按钮、操作杆、门、曲柄
- 沿着墙壁推动箱子
- 将绳缆卷成硬币形状，缠绕在线轴上

例：

M1 ——通过手指、手或脚的动作，将对象物件沿着受控方向一次移动 30cm 以下

M2 ——通过身体辅助运动伸出手臂，一次性移动 30cm 以上的距离

- 有阻力地移动、坐下、从椅子上起身。
- 需要高控制度地移动（在一定的范围内，一边用眼睛确认，一边进行缓慢移动，或是伴随有受伤、损害危险的动作）。

此外，次级因素 I 中的冲压作业等在作业中经常会见到，在决定零件与制动器的相隔位置等情况时序号值将另行提供。 表 3-16 表示的是对准重物位置时的序号值。

105

表 3-15　受控移动数据表

Basic MOST 系统			ABG MXI A					受控移动
	M			X			I	
序号×10	受控移动			流程时间				序号×10
	推/拉/转动	关键词	弯曲（旋转数）	秒	分	小时	对象物件	关键词	
1	≤30cm 按钮/开关/旋钮	PUSH PULL ROTATE		0.5	0.01	0.0001	1 件	ALIGN-POINT	1
3	>30cm 阻力、施力/放手高度控制 2 阶段 ≤30cm	SLIDE SEAT TURN UNSEAT OPEN SHIFT SHUT PRESS PUSH+PULL（INCHES. CM OR STAGES）	1	1.5	0.02	0.0004	2 件≤10cm	ALIGN-POINTS CLOSE	3
6	2 阶段>30cm 1~2 步	OPEN+SHUT OPERATE PUSH OR PULL WITH 1 OR 2 PACES	3	2.5	0.04	0.0007	2 件>10cm	ALIGN-POINTS	6
10	3~4 阶段 3~5 步	MANIPULATE MANEUVER PUSH OR PULLWITH 3. 4 OR5 PACES	6	4.5	0.07	0.0012			10
16	6~9 步	PUSH OR PULL WITH 6,7,8 OR 9 PACES	11	7.0	0.11	0.0019	精确地对准轴	ALIGN-PRECI-SION	16

表 3-16　对准重物位置的序号值表

序号值	对准位置的方法	关键词	非典型对象物件的特征
0	对准制动器		平 大薄膜状 锋利 难以处理
3	到达制动器前调整 1 次	GUIDE	
6	到达制动器前调整 2 次 两台制动器调整 1 次	ADJUST	
10	到达制动器前调整 3 次 到标线前调整 2~3 次	SITUATE	

（3）使用工具顺序

用于使用手工具（Hand Tool）时的分析计算，如拧紧拧松螺丝、切断、测定、填写等作业。此外，动脑等精神作用也属于该类。

由于通过一系列的普通移动和受控移动来分析频繁使用某种工具的作业需要花费过多的时间，结果会产生矛盾，因此开发了第三种顺序模型，即使用工具顺序。

表 3-17、表 3-18 表示的是使用工具的数据表。

此外还有决定手工具位置的序号值表以及使用手动吊车时的数据表。此类数据请参照表 3-19 及表3-20。

表 3-21 列举了 MOST 的分析例子。

107

表 3-17　使用工具数据表、拧紧/拧松

m▷	ABG ABP ABP A 拧紧(F)或拧松(L)									使用工具	
	手指动作	手腕动作				手臂动作				动力工具	
序号×10	转动	转动	敲击	弯曲	敲打	转动	敲击	弯曲	击打	螺丝直径	序号×10
	小螺丝刀	T扳手、棘齿、螺丝刀	螺丝钳、六角扳手、扳手	棘齿、六角扳手、扳手	锤子	棘齿	螺丝钳、六角扳手、扳手	棘齿、六角扳手、扳手	锤子	动力扳手	
1	1	–	–	–	1	–	–	–	–	–	1
3	2	1	1	1	3	1	1	–	1	6mm	3
6	3	3	2	3	6	2	–	1	3	25mm	6
10	8	5	3	5	10	4	2	2	5		10
16	16	9	5	8	16	6	3	3	8		16
24	25	13	8	11	23	9	4	5	12		24
32	35	17	10	15	30	12	6	6	16		32
42	47	23	13	20	39	15	8	8	21		42
54	61	29	17	25	50	20	10	11	27		54

108

表 3-18　使用工具数据表

m▷	ABG ABP ABP A 切割(C)、表面处理(S)、测定(M)、记录(R)、思考(T)使用工具														序号×10
		C(切割)			S(表面处理)			M(测定)	R(记录)			T(思考)			
序号×10	拧弯曲	割断	剪断	削断	喷雾	刷落	擦拭	测定	书写（文字）	书写（单词）	做记号	检查	阅读（文字词汇）	阅读（文章用语）	
	扳手	剪刀	小刀		喷嘴	刷子	布	测定器具	铅笔	铅笔	记号笔	眼睛及手指	眼睛	眼睛	
	金属线		剪断次数	削断数	0.1m²	0.1m²	0.1m²	cm m	文字	单词	数字	点	文字词汇	文章用语	
1	握		1	–	–				1	–		检查 1	1	3	1
3		柔软	2	1		–	1/2		2	–	1 划线	3	3	8	3
6	拧、折弯成圈状	一般	4		1 点或是凹处	1 小对象物件	–		4	1	2	5 触摸	6 规定值	15 日期/时间	6
10		坚硬	7	3	–	–	1	轮廓量规	6	–	3	9 感觉有缺点	12 游标尺的刻度	24 游标尺的刻度	10
16	弯曲开尾销		11	4	3	2	2	直尺 游标尺 ≤30cm	9	2 做记号	5 日期		38 表值	38 表值	16
24			15	6	4	3	–	测隙规	13	3	7		54	54	24
32			20	9	7	5	5	卷尺 ≤2m 深度千分尺	18	4	10		72	72	32
42			27	11	10	7	7	外径千分尺	23	5	13		94	94	42
54			33					内径千分尺	29	7	16		119	119	54

表 3-19 决定工具位置的序号值表

工具名称	序号值
锤子	$P_0(P_1)$
手或手指	$P_1(P_3$ or $P_6)$
小刀	$P_1(P_3)$
剪刀	$P_1(P_3)$
钳子	$P_1(P_3)$
笔记用品	P_1
测定工具	P_1
表面处理工具	P_1
螺丝刀	P_3
棘爪	P_3
T 扳手	P_3
螺丝钳	P_3
六角扳手	P_3
动力扳手	P_3
活动扳手	P_6

注:( )内为有重复作业。

表 3-20　手动吊车·数据表

m	Basic MOST 系列				ATKFVLVPT A			序号 × 10
	A	T	L	K	F	V	P	
序号 × 10	动作距离（步数）	移动到 2t 为止（m）		挂钩及松钩	放开对象物件	垂直移动	决定位置	
		无负载	有负载					
3	2	–	–		无方向修正	20	无方向修正	3
6	4	–	–		一次方向修正	40	单手对准轴	6
10	7	1.5	1.5		两次方向修正	75	双手对准轴	10
16	10	4	3.5		一次或更多的方向修正，并需要注意或施力	115	通过一次调整后对准轴及决定位置	16
24	15	6	5.5	单个或两个挂钩		150	通过数次调整后对准轴及决定位置	24
32	20	9	8	吊具（皮吊带）			通过数次调整后对准轴及决定位置，并需要施力	32
42	26	12	10					42
54	33	15	13					54

表 3-21　MOST 分析例

MOST分析表		姓名：安永
		日期：2004-08-05

作业：装配

内容：安装外盖

No.	作业方法	No.	顺序模型							频率	TMU
①	取出外盖，用4枚双头螺栓安装	1	A_0	B_0	G_1	A_3	B_0	P_3	A_0	1	70
		2	A_3	B_0	G_0	A_0	B_0	P_0	A_0	1	30
2)	向右走两步	3	A_3	B_0	G_3	A_0	B_0	P_0	A_0	1	60
		4	A_3	B_0	G_0	A_0	B_0	P_1	A_0	1	40
3)	向右走一步，用左手取4个垫圈，用右手取4个螺帽	6	A_1	B_0	G_1	A_3	B_0	P_1	A_3	1	70
④	往左走回一步，将4个垫圈装在螺帽上		A	B	G	A	B	P	A		
			A	B	G	A	B	P	A		
5)	用手指将4个螺帽固定(装配)在双头螺栓上(6个动作)		A	B	G	A	1+0+1+1+0+1+3 =70TMU				
			A	B	G	A					
6)	取出扳手，拿到身边		A	B	G	A	B	P	A		
			A	B	G	A	B	P	A		
7)	拧紧各个螺帽（8次）		A	B	G	A	A	P	A		
			A	B	G	A	A	P	A		
普通移动顺序			A	B	G	A	A	P	A		
			A	B	G	A	B	P	A		
			A	B	G	A	B	P	A		
			A	B	G	A	B	P	A		
			A	B	G	M	X	I	A		
			A	B	G	M	X	I	A		
			A	B	G	M	X	I	A		
受控移动顺序	▶		A	B	G	M	X	I	A		
			A	B	G	M	X	I	A		
			A	B	G	M	X	I	A		
			A	B	G	M	X	I	A		
			A	B	G	M	X	I	A		
		5	A_1 B_0 G_0 A_0 B_0 $(P_3A_3F_3)A_3$ B_0 P_0 A_0							4	400
		7	A_1 B_0 G_1 A_0 B_0 $(P_3A_1F_9)A_1$ B_0 P_0 A_0							4	550
使用工具顺序	▶		A B G A B P			A B P A				
			A B G A B P			A B P A				
			A B G A B P			A B P A				
			A B G A B P			A B P A				
	70+30+60+40+70+400+550 =1220TMU								A B P A		
									A B P A		
			A B G A B P			A B P A				

Time=0.73Min.	Total 1220 TMU

112

3-10　标准时间数据

标准时间数据又被称为标准时间资料，它是各企业将经常进行的作业及作业要素的标准时间值及变动因素的关系编为如图 3-9 所示的作业系统，或是根据产品、工序的特点，编辑为使用方便的图表、公式、计算表（列线图）及一览表等，以方便各企业设定各种产品和工序的标准时间。

将这些资料再次进行整理，将每项作业制作成一页的标准时间资料。　我们将标准时间资料称为预评价表（Pre-rate Sheet），使用该表可以方便地计算出每一作业的时间。

在制订预评价表之际，最好先进行如下整理：

● 在设定公司产品及工序的标准时间之际，需要依次简单易懂地总结所需的作业，不能有任何遗漏。

● 为了让所有人都能进行统计，最好使用公司内普通的办公人员也能明白的话语代替标准时间设定时的术语以及工厂的专用语。

● 将表格整理为方便保存、同时也方便今后检索的形式，这样可以将该表格直接作为作业和动作的分析表来使用。

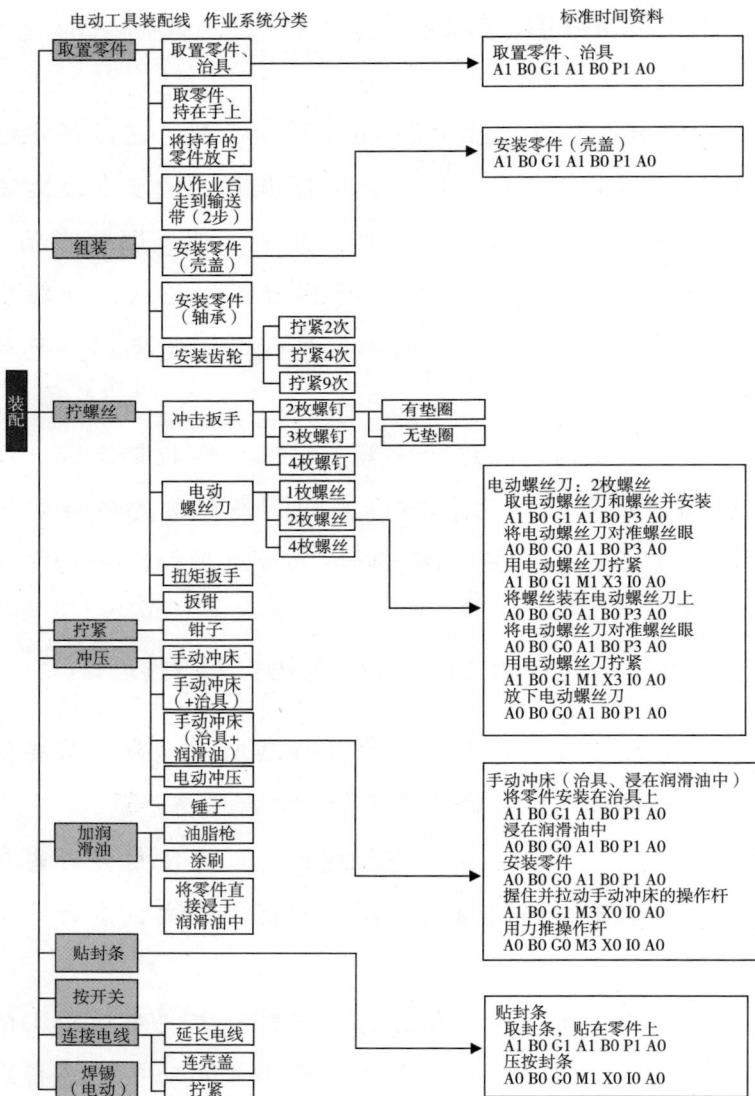

图 3-9　作业系统分类

● 此外，保存从 MTM 和 MOST 的分析结果总结为标准时间资料的过程，这样在标准作业发生变动时，或在绩效过低时可以将其调出，方便找出在哪一点上出现了怎样的差异。

● 除了记录制作人员姓名、制作年月日、作业名称、工厂、产品、工序等基本因素以外，还需要记录使用说明及有效期限。

图 3-10 是某家塑料产品的涂装工厂设定标准时间的资料（预评价表）例。 再加上产品型号和封包的箱子数量 X、货盘上载有的箱子数量 Y、货盘的堆积数量 Z 等变动因素，只要根据条件选择时间值，即可计算出从拆包到涂装、封包等作业的标准时间。

3-11　使用计算机设定标准时间

（1）使用计算机设定标准时间的历史

计算机不但改变了人们每天的工作方法及工作效率，而且改善了作业人员执行日常业务的方法，同时还为测定作业和设定标准时间的流程带来了翻天覆地的惊人变化。

计算机的应用为设定标准时间的技术人员带来了极大的方便，尤其是大幅度地提高了设定标准时间的效率。 模拟及回归分析等技术的应用大大减少了设定时间。 技术人员可以将节约的时间投放到高附加价值的新业务中。

115

产品名称：	X= pcs. /box	Y= boxes /pallet	Z= pallets /lift

分析人员： D= devider /box　　　　　　日期：

No.工序No.作业　　No.作业要素　　　　　　STD周期时间　秒　选择值

将半成品从仓库中取出(Start)尺寸（inch）	<20	<30	<40	<50	>50	sec.

工序	作业	作业要素	<20	<30	<40	<50	>50	选择值
1 搬运货盘	1.将货盘搬至拆包处	1.从半成品仓库中取出货盘 2.取出货盘升降机 3.把货盘搬至升降机上 4.将货盘搬运至拆包处			32.88			T/(XYZ)
	2.取出包装材料	1.剪开货盘的包装薄膜 2.将剪开的薄膜扔进垃圾筒				7.68		T/(XYZ)
2 拆包	1.开箱	1.取出箱子，放置在输送带上 2.揭下箱子的封包胶带，扔入垃圾筒 3.拿起箱盖，打开箱子	12.96		15.84			T/X
	2.从塑料袋中取物件	1.取出机身 2.从塑料袋中取出机身，然后将塑料袋放入箱内 3.将机身放置在运输机上	6.4		11.44			
	3.将空箱放在身边	1.封上箱子 2.将空箱子放在身边	8.29		11.17			T/X
	4.将空箱运回原处	1.取出货盘升降机 2.搬起空货盘 3.将空货盘运至仓库			29.88			T/(XYZ)
3 检查	1.清洁零件	1.从输送带上取下机身 2.将酒精抹在布上，拿至机身处 3.擦拭机身 4.将机身放回输送带	16.2	##############				
	2.检查	1.从输送带上取下机身进行检查 2.检查（转动机身，检查整体外观） 3.取出喷漆治具，喷在音响部分	7.56	##############				
				2.88				
	3.喷洗	1.取出涂装完毕的机身，放在输送带上 2.将涂装完毕的机身放在托架上 3.用空气枪喷洗机身	12.2	16.6	25.2	28.1	33.9	
4 涂装	1.自动涂装	1.（根据涂装技术标准）	MT-20		MT-30			
	2.检查	1.取出机身检查外观放置在缓冲托架上	7.56	##############				
5 移印	1.安装治具	1.从缓冲托架上取出机身，将其置于治具上	5.04		6.48			
		2.按下移印机1的按钮 3.从移印机2取出机身，将其放置在输送带上	3.24		4.68			

图3-10　标准时间资料例（预评价图）

116

　　过去在测定作业时一般使用铅笔、纸和秒表进行人工作业。标准时间设定人员首先要来到生产现场观测作业，记录作业方法和顺序，测量时间，然后再回到办公室，统计构成基本时间的时间要素。然后再加上宽放时间和辅助性作业，才能设定和公开最终的标准时间。这是一项很费精力的工作，但又是必需的工作，所以没办法省略。

　　现在我们可以从 CAD 制作的电子数据中下载设定零件及产品标准时间所需要的数据，然后只需检索全新的零件并探讨标准作业方法，而且如果能有效利用类似零件的参数处理的话，就只需严格地探讨差异部分即可，这样可以将工作量减少到以前的几十分之一。

　　使用计算机可以自动检索并再次利用以前设定过的同种零件的实际数据等内容，同时如果将预评价表也载入计算机内的话，可以通过对话式操作，在更短的时间内准确无误地设定包括复杂的装配、加工条件等在内的作业标准和标准时间。

　　图 3-11 表示了使用计算机高效地设定标准时间的流程概况。

　　包括这儿所介绍的 MOST for Windows 在内，随着此类标准时间设定系统的功能越来越完善，操作越来越简单，我们可以期待投资此类系统所带来的效果。今后这些系统也应该会越来越普及。

设计图
工程配置
检验规格书

作业程序书

标准时间统计表

制作标准时间资料（准备阶段）

类似工序分析

作业	V/C	变动因素	机种			
			a	b	c	d
XY						
AB						

主要变动因素（parameter）的定义

作业	作业要素	作业要素	参数
XY			
AB			

各机种参数一览表

作业要素	机种					
	a	b	c	d	e	f

作业类型设定表（CAPP-Input form）

No.	顺序	作业要素	代码	参数（次数）

例外作业ST设定表

No.	顺序	作业要素	次数

CAPPS
原版

原版拷贝

设计图
工程配置
检验规格书

设定标准时间的作业

输入专用格式
变动因素、零件数量、
导线数量
顺序 零件名称、零件代码

设定标准时间的作业
修正产品信息
修正参数
输入顺序项目
删除多余的作业要素等等

产品/工序

作业（顺序）

作业要素

时间要素和变动因素（次数）

发行标准时间
表、作业顺序书

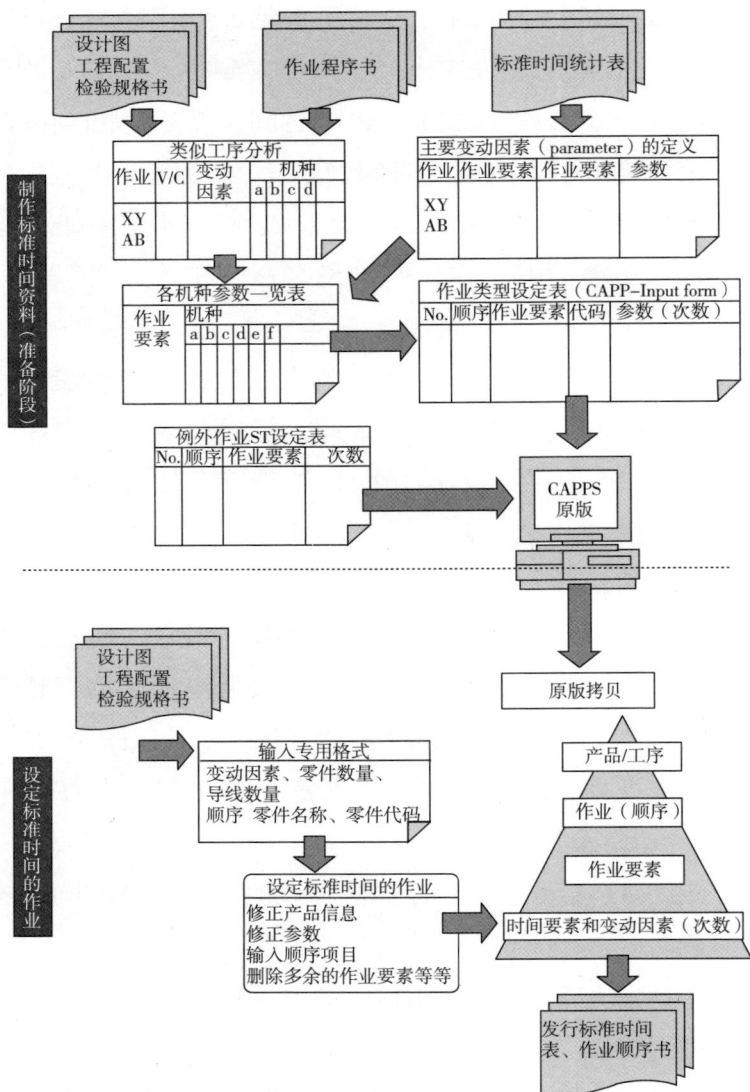

图 3-11　用计算机设定标准时间的流程

118

如今企业中设定标准时间的技术人员的工作范围除
了设定标准时间以外，还需要探讨标准方法、设计工
序、进行生产准备。 这些都是计划成本与设备的基础，
如今通过人机学、安全、模拟等方面的探讨与应用，这
些工作很多时候对降低成本、缩短生产周期、缩短开发
周期起到了重要作用。

图 3-12 显示了以数码化为目标的企业使用最新模拟
软件制定包括标准时间在内的标准方法的工序设计
流程。

随着业务范围的扩大，设定标准时间的技术人员在
这一过渡期的工作量有着显著的增加。 即便只有测定作
业等传统工作已经够忙了，还得处理新增加的工作。 如
何应付过重的工作负荷是一项很大的挑战，而使用计算
机软件正是最明智的选择。

（2）使用计算机设定标准时间系统的优点

用计算机制订的标准和通过人工测定制订的标准几
乎没有区别。 两者都用于决定作业方法、制订日程、计
算成本和测定绩效等方面，得出的结果也相同，但其过
程有着很大的区别。

与人工测定相比，用计算机测定作业有着诸多
优点。

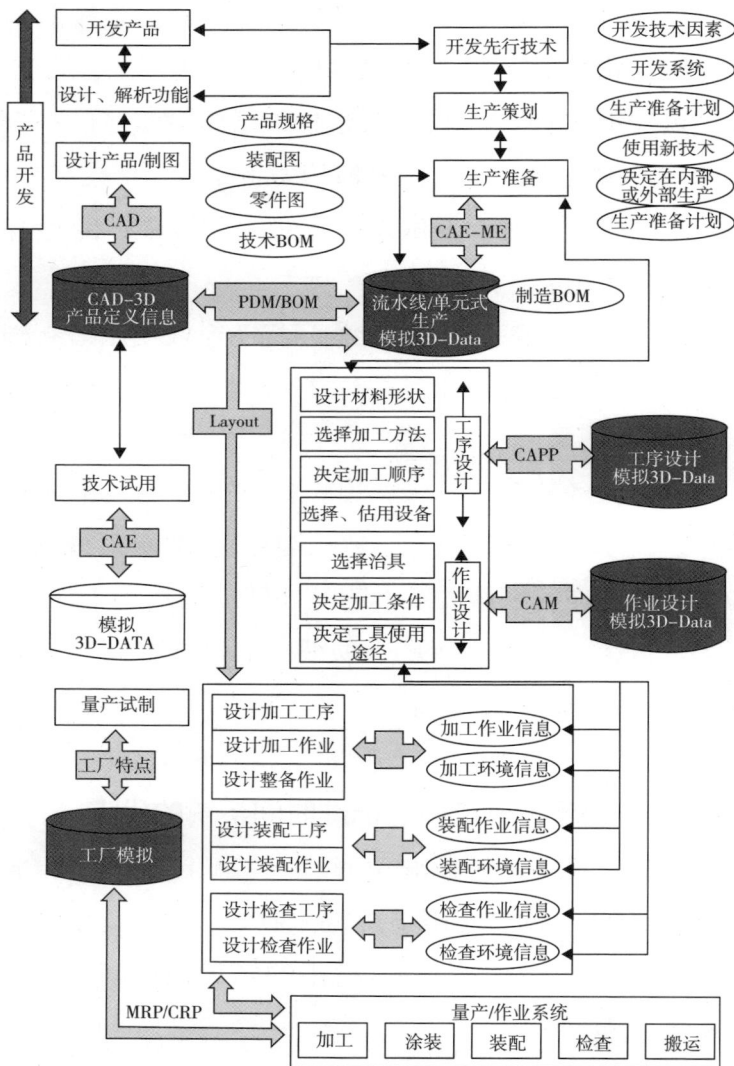

资料来源：JMAC数码工厂研究会资料。

图 3-12 最新模拟软件制定标准方法的工序设计流程图

首先我们可以使用计算机将信息自动汇集在一起，制作、保管数据库。 数据库可以进行共享，整个工厂的工作人员都能通过广域的因特网登录访问，这样不仅能方便产品设计部门有效地利用时间和成本信息，而且可以期待在生产设计、装配性评价、模拟等方面取得令人满意的效果。

此外，此类共享数据还能增强设定标准的准确性、一致性以及促进数据维护的简化。 如果通过手工测定设定标准的话，技术人员往往不愿意将数据共享给整个部门及工厂，这样必然会导致开发数据效率过低。 结果造成多次测定相同或相似的作业，有时甚至会出现不同的结果。 这样会使标准时间缺乏整体的可信度。

在比较手工测定与通过计算机设定标准时间之际，我们需要探讨以下几项内容：

- 应用速度
- 开发标准的难易度
- 标准时间的精确度与一致性
- 标准时间的维护工作

此外，使用计算机设定标准时间的系统一般有如下特点，同时如图 3-13 所示，标准方法及标准时间数据可以构建、灵活运用包括工序表在内的其他系统的关键值，因此公司内部 CAD 与生产管理系统的统一性也就尤

121

为重要。

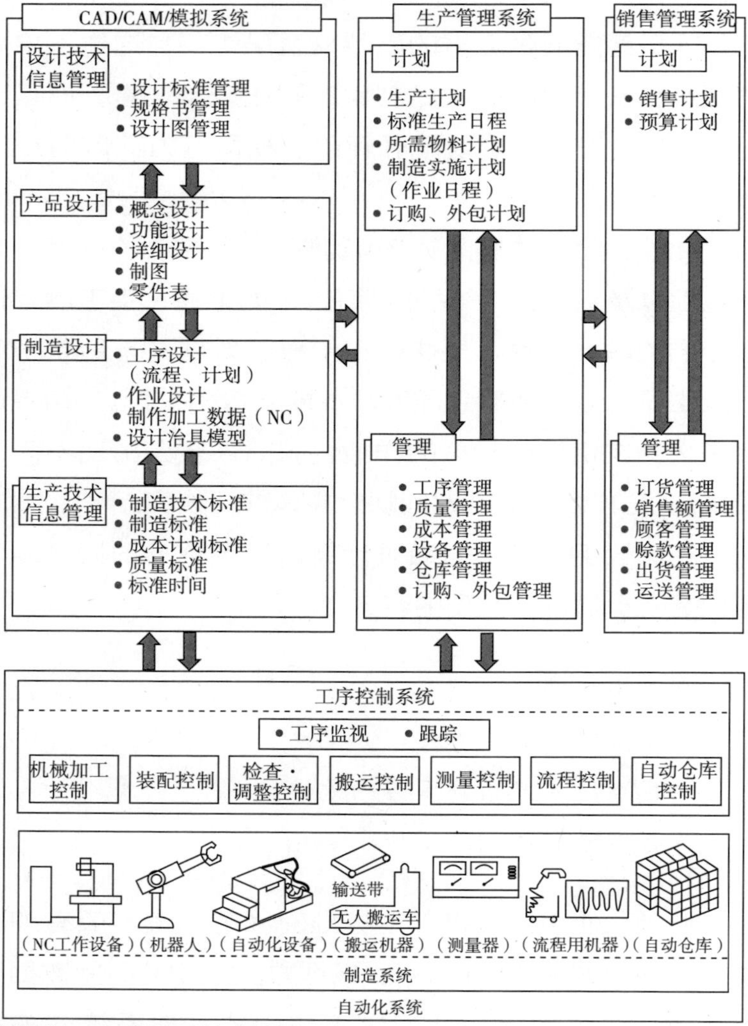

CAD/CAM/模拟系统
设计技术信息管理
• 设计标准管理
• 规格书管理
• 设计图管理
产品设计
• 概念设计
• 功能设计
• 详细设计
• 制图
• 零件表
制造设计
• 工序设计（流程、计划）
• 作业设计
• 制作加工数据（NC）
• 设计治具模型
生产技术信息管理
• 制造技术标准
• 制造标准
• 成本计划标准
• 质量标准
• 标准时间
生产管理系统
计划
• 生产计划
• 标准生产日程
• 所需物料计划
• 制造实施计划（作业日程）
• 订购、外包计划
管理
• 工序管理
• 质量管理
• 成本管理
• 设备管理
• 仓库管理
• 订购、外包管理
销售管理系统
计划
• 销售计划
• 预算计划
管理
• 订货管理
• 销售额管理
• 顾客管理
• 赊款管理
• 出货管理
• 运送管理
工序控制系统
• 工序监视 • 跟踪
机械加工控制
装配控制
检查·调整控制
搬运控制
测量控制
流程控制
自动仓库控制
输送带
无人搬运车
（NC工作设备）（机器人）（自动化设备）（搬运机器）（测量器）（流程用机器）（自动仓库）
制造系统
自动化系统

资料来源：JMAC数码工厂研究会资料。

图 3-13　生产系统的信息结构

- 使用计算机设定标准时间系统的特点

- 灵活的整理归档方法

- 容易输入方法性数据

- 自动计算、自动处理参数

- 在线帮助和在线训练

- 迅速登录和重复利用数据

- 整体更新功能

- 模拟更新结果

- 传送数据功能

- 自定义报告书

- 设定安全保护

现在市面上出现了多种设定标准时间的计算机系统（作业时间用），最近还有一些模拟软件中加载了 MTM 等。

MTM 和 MOST 等系统可以通过相同的基本作业设定技术性标准时间，但这些系统是通过不同的原理和独特的方法构建的，因此在引进之际需要探讨哪一系统更加符合公司所追求的目标。

在选择系统之际，需要讨论以下几点：

- 使用该系统的目的是什么？

是管理绩效，是计算效率工资制，是制订生产计划，还是计算成本？首先最重要的是与公司的目标相符。

123

- 引进系统的投资与效果、回收时间如何？
- 可以获得哪些软件服务？

接下来简单地介绍两种现在日本也可以使用的设定标准时间的计算机系统，详情请参照参考文献。

（3）MOST for Windows、MOST Data Manager

开发：HB 梅纳德公司

销售：（株）日本能率协会咨询协助销售

基本测定系统：Basic MOST、Mini MOST、Maxi MOST

MOST for Windows 是以 MOST 作业测定系统为基础的计算机软件，主要用于设定标准时间及管理标准时间作业要素的数据。

使用该软件可以制作作业要素数据、载入数据库、用户可自行设定标题等，还能使用各种自定义功能。此外还可以通过计算机进行共同作业、拖放顺序、在线帮助、防止载入数据时出现错误、自定义计算公式及工作栏表、制作报告、传送数据、整体更新、管理历史数据以及拥有辅助数据库等功能。

其与不使用计算机的 MOST 的主要区别如下所示：

- 可以在电脑上确认、选择 MOST 法的数据表，从

124

而进行分析并计算时间值。

●可以从画面上选择、分析基本作业顺序。

●由于可以自动填写作业内容，所以可以同时发行标准化的作业顺序书。

●可以只对作业方法中的不同部分进行修改、添加、删除，因此设定速度可以加快。

●可以让标准时间设定、工序设计及工序模拟具有一致性。

●通过整体更新功能，方便维护、管理标准时间和标准方法。

图 3-14 是微软 Windows 系统上的 MOST for Windows 的截图例。 图 3-15 则是 MOST 软件之一的 Ergo MOST（从人机学的角度来分析标准作业的方法）的截图例，请自行参考。

（4）MTM-LINK

开发：MTM 协会 [（株）日本能率协会咨询公司中设有事务所]

基本测定系统：MTM-1、4M、MTM-UAS、MTM-UAS Standard Data、MTM-MEK、MTM-MEK Standard data、MTM-C、MTM-V、MTM-TE、MTM-M、MTM-HC

MTM－LINK 用于制作、维护与管理标准时间数据库。独立的计算机也可以通过与其他计算机联网使用该系统，这样可以利用各种数据源。

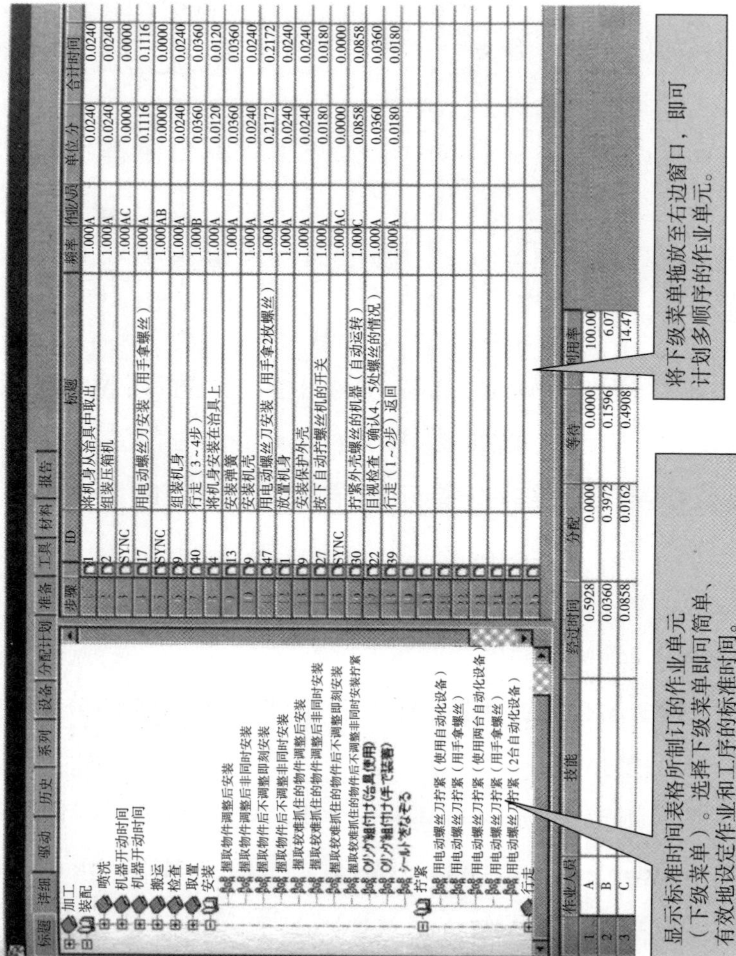

图3-14　MOST for Windows截图（例）

将下级菜单拖放至右边窗口，即可计划多顺序的作业单元。

显示标准时间表格所制订的作业单元（下级菜单）。选择下级菜单即可简单、有效地设定作业和工序的标准时间。

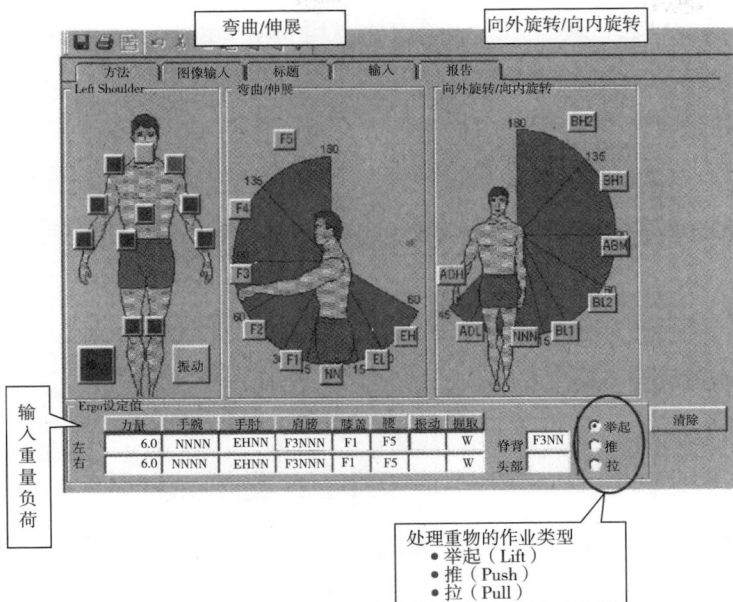

图 3-15　Ergo MOST 截图例

　　MTM-LINK 系统以三阶段的数据为基础，有效地利用了各种作业要素。 它将所有数据都保存至数据库中，通过要素代码、要素名称及时间值来定义各种要素。

　　通过将作业分割成各种作业要素，可以设定作业的标准时间。 该方法既可以用于直接分割作业要素，也可以用于通过各种人工智能方法自动分割到作业要素的流程中。 而将作业单元相结合即可以制成工序票。

　　MTM-LINK 也发挥了计算机的特长，可以进行整体更新，将数据导出至其他系统，从其他系统中导入数据，利用图像数据、视频数据及 PDF 文件，制订方法改善指标及计算公式，进行内部运算，维护、管理完整的历史作业数据等等。

此类包含标准时间数据的标准时间软件包可以与 **CAD-CAM** 及 **3D** 模拟软件结合在一起使用（请参照图 3-16），比方说可以模拟装配作业的情况并将其制成虚

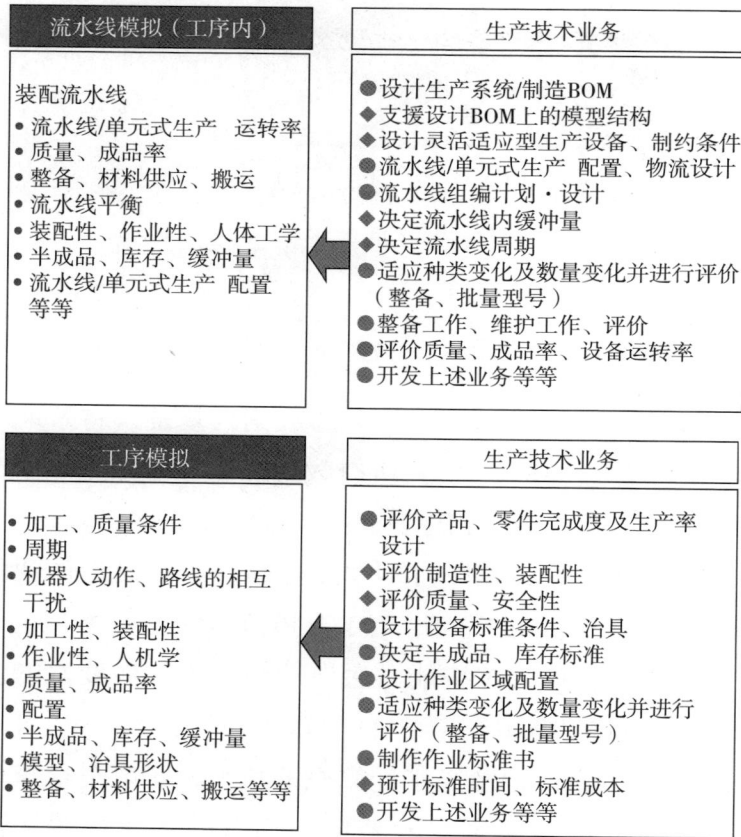

流水线模拟（工序内）	生产技术业务
装配流水线 • 流水线/单元式生产　运转率 • 质量、成品率 • 整备、材料供应、搬运 • 流水线平衡 • 装配性、作业性、人体工学 • 半成品、库存、缓冲量 • 流水线/单元式生产　配置 　等等	●设计生产系统/制造BOM ◆支援设计BOM上的模型结构 ◆设计灵活适应型生产设备、制约条件 ◆流水线/单元式生产　配置、物流设计 ●流水线组编计划・设计 ◆决定流水线内缓冲量 ◆决定流水线周期 ●适应种类变化及数量变化并进行评价 　（整备、批量型号） ●整备工作、维护工作、评价 ●评价质量、成品率、设备运转率 ●开发上述业务等等
工序模拟	生产技术业务
• 加工、质量条件 • 周期 • 机器人动作、路线的相互干扰 • 加工性、装配性 • 作业性、人机学 • 质量、成品率 • 配置 • 半成品、库存、缓冲量 • 模型、治具形状 • 整备、材料供应、搬运等等	●评价产品、零件完成度及生产率设计 ◆评价制造性、装配性 ◆评价质量、安全性 ●设计设备标准条件、治具 ◆决定半成品、库存标准 ●设计作业区域配置 ●适应种类变化及数量变化并进行评价（整备、批量型号） ●制作作业标准书 ◆预计标准时间、标准成本 ●开发上述业务等等

图 3-16　基本模拟与生产技术业务的定位

128

拟影像，现在已经有一些企业在作业前便开始讨论能否使用工具或人为地在制造产品的闲暇时间内进行装配，或是作业人员与机器人是否在合适的时机进行干预等。

如果将来各大企业能够认识到此类计算机系统的优点的话，想必这些系统会成为工厂的常备法宝，它们可以有效地改善标准时间的设定及标准方法的流程，并节约宝贵的时间。

第 4 章
缩短标准时间的五个步骤

本章内容的解说流程如图 4-1 所示。

4-1　缩短标准时间的步骤

标准时间只不过是标准作业方法在时间上的反映。该时间代表了标准作业方法本身的好坏，所以标准时间的长短对制造时间、制造成本、制造周期等方面的变化都起着很大的影响。因此改善、缩短标准作业方法并不仅仅是制造部门的问题，它对包括生产技术部门及产品开发部门在内的整个公司来说都是极为重要的课题。

缩短标准时间的步骤（4-1）

步骤1　为现在的作业方法建模　　　　4-2

P-Q分析

改善前配置

改善前的作业时间表

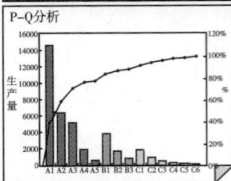

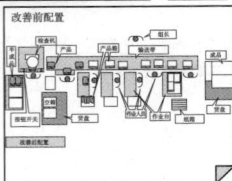

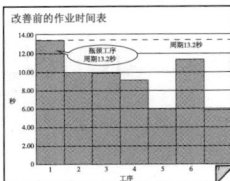

步骤2　新作业方法的基本设计　4-3

步骤3　新作业方法的详细设计　4-4

目标周期

改善前作业表

改善后作业表

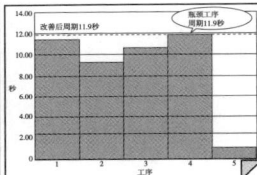

步骤4　总结新作业方法　　　4-5

改善实施计划书

		页码：	/
工厂	流水线名称：	产品模型：	日期：
填写人：			

	现状	改善后	差异
改善对象人员	7人	4+0.2（组长）人	2.8人
周期	13.2秒	11.9秒	缩短1.3秒
日产量	1750个（实际成绩）	1930个（80%运转率）	+180个
生产率提高率	100	185%	85%

内容
1. 改善前后配置、人员部署
2. 比较改善前后作业内容（作业时间表、人机图）
3. 改善项目一览表
4. 个别改善内容解说书
5. 实施时的注意点
6. 新作业分组表
7. 其他

改善实施计划书

改善说明书

改善说明书

改善项目一览表

步骤5　新作业方法的实施及跟踪　4-6

活动日程

计划实施日程

图4-1　第4章概要　缩短标准时间的五个步骤

132

　　缩短标准时间的方法及完成该任务的方法主要包括如前所述的方法、绩效与利用率三个方面。 首先让我们来看看如何通过改善方法来缩短标准时间，以下是日本能率协会咨询公司（简称 JMAC）长年以来进行的改善项目。

　　该项目名为 Method Engineering（Strategic High Productivity System，战略性方法改善项目），通常简称为 SHPS。 本章在讲解 SHIPS 步骤的基础上，依次介绍必要的分析方法。

　　图 4-2 表示了 SHIPS 的简略步骤。

　　不同产品，或是不同改善目的，缩短标准时间所需要的技巧、步骤及观测次数等方面也不一样。 在此我们假设一个普通短周期（10 秒到 10 分钟左右）、约 10 人参与作业的中小型零件装配及加工薄金属板的生产例。

　　首先，在正式改善之前，由四五名人员组成改善小组。 小组成员分头研究中途的各种方法，特别是时间研究等与工时相关的问题，这样可以缩短项目周期。 此外，通过集体研讨等创新过程可以从多种角度提出构想并围绕其进行讨论，这样可以大大增加提出有效方法的可能性，因此最理想的是由四五名人员组成团队。

　　让我们来看看具体例子（请参照图 4-3）。 这是改善流水线配置的事例，由 4 个人组成的团队提出各种构思，从策划新方法到实施为止只花了两周时间。 而以笔者的经验，如果将 10 人左右的生产线改善为由 1 个人来进行全程操作的话，一般需要花费 2~3 个月时间。

133

步骤1 为现在的作业方法建模

调查作业对象、人员、产量、配置及运转内容等
选定对象工序、对象人员及代表型模块
通过时间研究或PTS方法进行方析
制作人机图及作业时间图
（如果有必要的话，还可以进行工作采样）

步骤2 新作业方法的基本设计

制作改善作业表
选择基本作业
提取基本作业的改善构想
评价、选择个别改善方案、计划时间
策划、评价、选择基本的代替设计方案

步骤3 新作业方法的详细设计

附加辅助作业
瓶颈工序的追加改善
评价、选择个别改善方案、计划时间
策划、评价、选择详细的代替设计方案

步骤4 总结新作业方法

个别改善构想的解说书
策划书
改善项目委托书
制订实施计划书等
召开策划发表会

步骤5 新作业方法的实施及跟踪

改善执行委员会
人材应用委员会
实际改善项目
实施说明会
在职培训

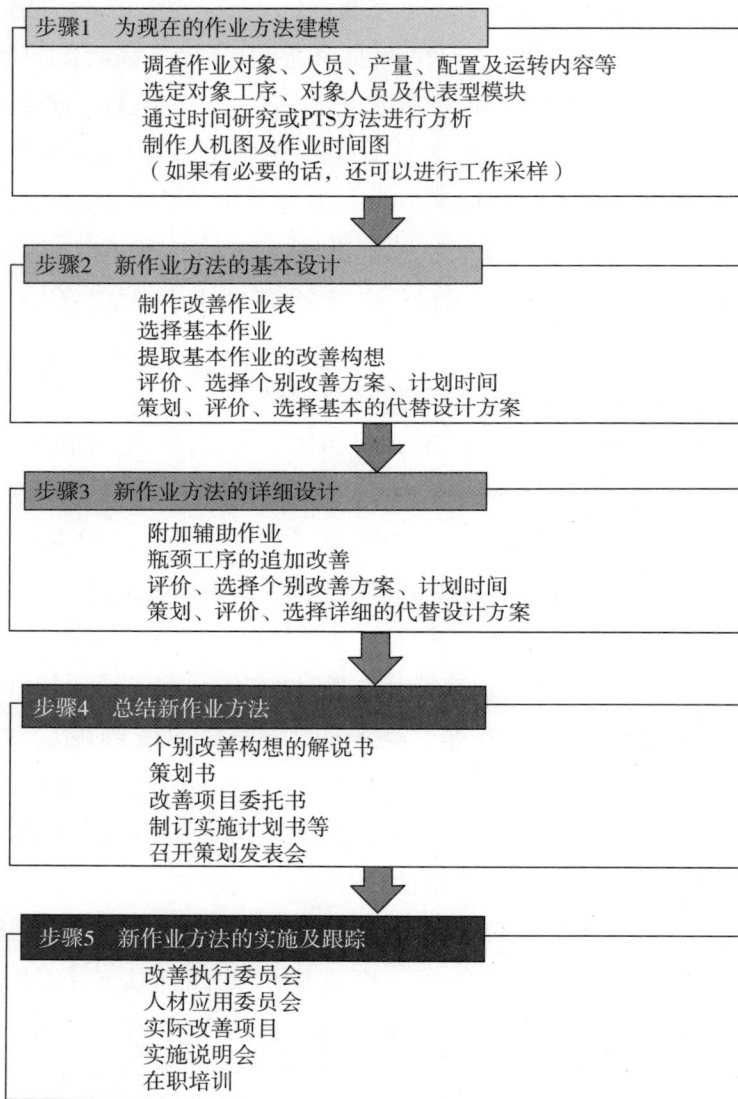

图 4-2 SHIPS 的步骤

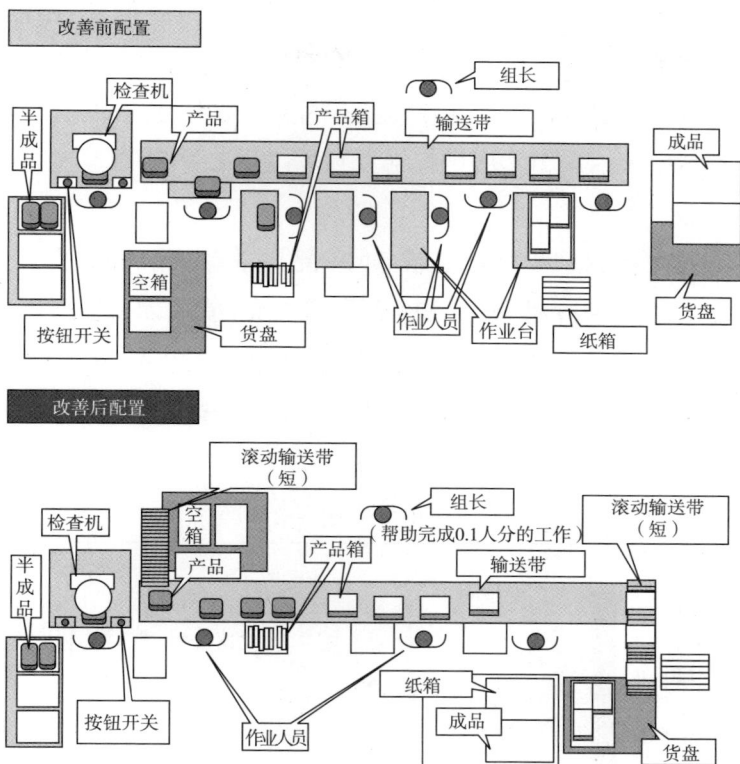

改善前配置

半成品　检查机　产品　产品箱　输送带　组长　成品

按钮开关　空箱　货盘　作业人员　作业台　纸箱　货盘

改善后配置

滚动输送带（短）　滚动输送带（短）

检查机　空箱　产品　产品箱　组长（帮助完成0.1人分的工作）　输送带

半成品　按钮开关　作业人员　纸箱　成品　货盘

图 4-3　流水线配置改善例

4-2　为现在的作业方法建模

SHIPS 的步骤 1 是为现在的作业方法建模。

首先选择流水线或工厂对象，该对象被称为模块
（Module）。

135

接着调查该模块中生产的产品种类、各种产品的产量、使用零件数量。 然后调查对象模块，即对象流水线中从投入零件到加工、装配产品、成品上市为止的工序概况。 这时可以使用后文中将进行说明的"工序分析方法"。

当在该模块中制造多种产品时，我们可以按月产量的顺序将各种产品进行排序，制成累积比例的图表，这样就能进行各种各样的分析。 图4-4是其中的例子之一，该分析方法被称为"P-Q分析"（详见后述）。

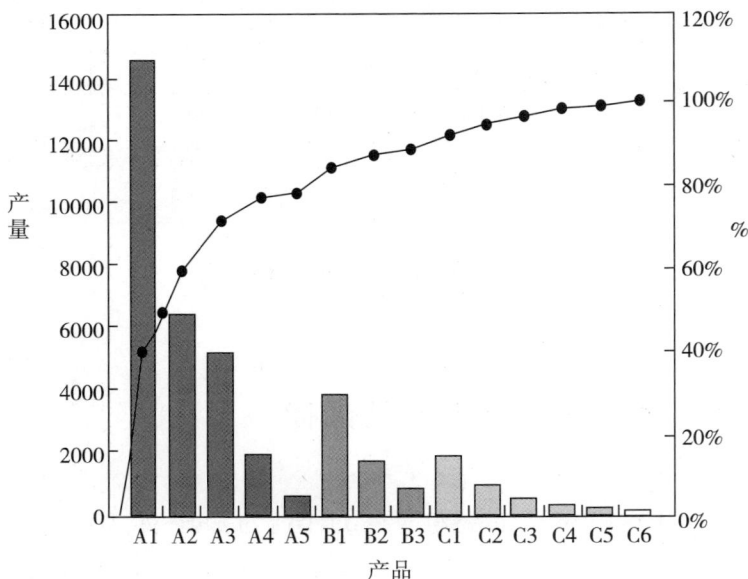

图4-4　P-Q分析

接着选择代表性产品模型为改善对象。

正如 P-Q 分析中出现过的一样，产品型号与外形的不同有时会造成作业方法也发生很大的变化，因此我们需要将产品分类，并从其中选择产量最多的产品。

此外，我们还需要调查以下项目，并整理成推移图、一览表、配置图等。

- 该流水线中所使用的设备的能力
- 治具
- 整备时间、整备次数、整备方法
- 平均每日的实际产量
- 加班情况
- 次品率
- 设备的运转率
- 工厂的配置图
- 配置上的人员分配等等

然后决定选择该模块中的哪些部分为对象，并在配置图上反映对象人员、零件及材料的配置。比方说，当其他部门的司机开叉车来搬运零件和成品时，就应该将该零件或成品名额从对象中除去。

在生产代表性模型的产品时，我们需要用摄像机按照工序顺序，将每个人的作业内容拍摄十次以上，然后在此基础上进行时间研究或 PTS 分析。

137

接着将时间研究的结果整理成图 4-5 所示的作业时间图或图 4-6 所示的人机图等简单易懂的图表（这些图表的具体制作方法将在本书第 5 章解说）。 从这些图表中即可得知各作业人员等待机器作业的时间以及流水线平衡的损失情况等等。

在研究时间时仔细观看录像的话，会发现一些明显的浪费动作，如无谓地走动、取放零件、寻找零件或工具等等。 此外我们应该也能发现作业人员有时会做出一些没有意义的姿势，或是操作一些无意义的重物等等。我们可以将观测中发现的问题点或是改善构想记录在观测表等上面。

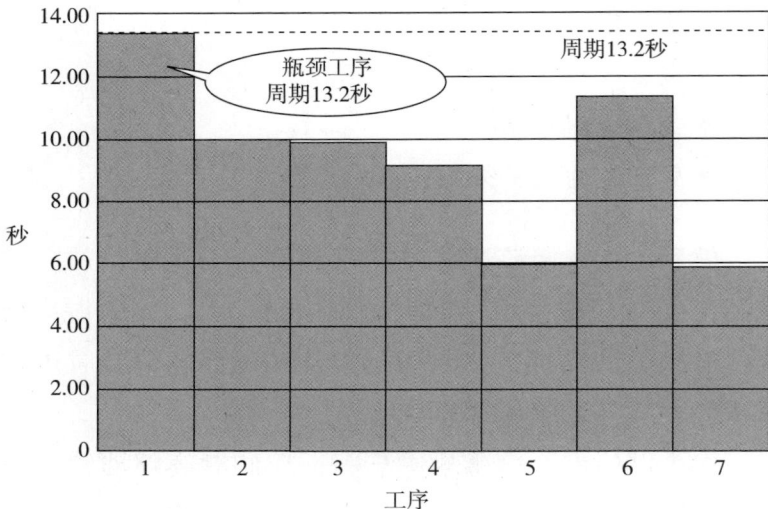

图 4-5 改善前的作业时间图

人机图			X	现状		改善后		
产品	轴			观测日期				
工序	材料截断			观测者				

时间、CT	作业人员		自动截断机						
↑ 10 20 30 40 50 周期50秒	3.5 取零件	4.2 安装治具	3.5 等待	4.2 安装治具					
	2 打开开关		2 打开开关						
	20 等待		20 等待						
	5 拆卸		5 拆卸						
	15 检查		15 等待						
	取下一个零件								
负荷率	59.40%		62.40%						

图 4-6　人机图

4-3　新作业方法的基本设计

SHIPS 的步骤 2 是新作业方法的基本设计。

以时间研究的观测记录中的作业单元或作业要素的内容为基础，填写如表 4-1 所示的"改善前作业表" 〔也称为操作表（Operation List）〕的工序栏及作业栏。

139

通常在工序栏中填写一个人或一台机器在一周期内的作业内容。该改善前作业表一般采用的是工作表（Worksheet）的形式，我们可以逐一对各栏目进行检验并依次填写。

接着填写基本栏和辅助栏。如果作业栏中填写的各种作业要素与工厂生产的附加价值有直接关联的话，在基本栏中注明〇记号，没有直接关联的话，则在辅助栏中注明×记号。

作业时间栏中需要填写针对各种作业要素的时间研究结果进行评价后得出的基本时间值。频率栏用于记录相同作业重复的次数。

比方说将两块电池放入箱子时，放入每块电池的时间值为作业时间，而频率栏中需要填写2。合计时间值则为作业时间值乘以2。

改善前作业表的标题右侧的目标CT（目标周期）栏中需要填写设计新作业方法时的目标周期（从每天所需的计划产量中计算每个产品应该花多少秒来制造的时间值。计算公式如下所示）。将该目标CT除以合计时间值即可计算出人数换算值。

目标周期（目标CT）

$$= \frac{月运转天数 \times 运转时间/日 \times 运转率（\%）}{月产量 \div 成品率（\%）} \div 3600$$

表 4-1 改善前的作业表

No.	工序	No.	作业	基本	辅助	作业时间 秒	频率 次/CT	合计 秒	人数换算值 人	改善构想 I	II
1	将零件安装至机器	1	取下成品并保持原样	○	×	2.6	1	2.6	0.22	C:同时动作	
		2	从旁边的零件箱中取出机身，安装至机器	○		1.8	1	3.6	0.30	S:走近箱子	
		3	重新拿起成品，将其轻放在运转中的输送带上		×	1.2	1	1.2	0.10		
		4	用双手按下机器的开关	○		1.8	1	1.8	0.15	S:安装安全设备、调成自动模式	
		5	等待机器运转		×	4	1	4.0	0.33	R：改变顺序	
			小计					13.2	1.10		
2	放入塑料袋中	1	打开塑料袋		×	2.8	1	2.8	0.23		
		2	取出成品，放进塑料袋	○		4.4	1	4.4	0.37		
		3	将其置于输送带上		×	1.8	1	1.8	0.15		
		4	取空零件箱		×	4.4	1/10	0.4	0.04	R:非周期内由其他人进行	
		5	将空零件箱搬至一起，放回原处		×	6	1/10	0.6	0.05	R:非周期内由其他人进行	
			小计					10.0	0.84		
3	加入干燥剂	1	取出塑料袋、加入干燥剂，并放回输送带	○		5.4	1	5.4	0.45	E:不再放置（在输送带上进行）	
		2	制作成品箱	○		3	1	3.0	0.25		
		3	将成品箱放置在输送带上		×	1.5	1	1.5	0.13	S:在输送带上进行	
			小计					9.9	0.83		
4	安装苯乙烯缓冲台	1	从输送带上取下箱子，在底部安装缓冲台	○		3.6	1	3.6	0.30	E:不再取放（在输送带上进行）	
		2	从输送带上取下塑料袋，并封口	○		3.2	1	3.2	0.27	E:不再取放（在输送带上进行）	
		3	将塑料袋成品置于缓冲台上	○		1.3	1	1.3	0.11		
		4	将其放置在输送带上		×	1	1	1.0	0.08	E:不再取放（在输送带上进行）	
			小计					9.1	0.76		
5	将机身放入箱内	1	放置缓冲盖	○		2.4	1	2.4	0.20		
		2	关上中盖	○		3.6	1	3.6	0.30		
			小计					6.0	0.50		

填写日期 　　　目标CT：12秒 　　　页码： /

对象流水线 　　　产品模型

141

用微软的 Excel 等软件可以轻松地制作此类表格而且计算起来很方便，实际工作中经常会用到此类工作表。

然后对新作业方法的现状进行定量确认，到此为止基本设计的准备工作就结束了。 接着我们需要利用集体智慧，让所有团队成员一边看录像一边讨论如何才能更快、更轻松、更精确地进行生产，重点需要放在基本作业上。 如果有需要的话，可以让熟悉作业的作业人员、技术人员、管理、监督人员等人也加入讨论。

推荐大家围绕以下改善原则进行讨论。 根据这些原则来研究的话，我们经常可以得到极佳的构想。

改善的 ECR 原则：

●取消该作业要素的话会造成怎样的后果？ 能否取消？

排除（Eliminate）的原则 取首字母 E

●与其他作业要素一起进行的话是否能减轻工作量？

结合（Combine）的原则 取首字母 C

●改变作业要素顺序的话是否能减轻工作量？

改变顺序（Rearrange）的原则 取首字母 R

比方说，改善原则中的排除（E）可以带来较大的效果。 在改善、排除基本作业时，有时必然会排除辅助作业。

在 ECR 后加上 S（Simplify，简化）即构成改善的四项原则 ECRS。

在改善原则的基础上，推荐大家再讨论"五次为什么"。 即针对各种作业要素的必要性及问题点重复问五次为什么，以求彻底查寻原因（参照图 4-7）。 此外广为人知的 5W1H 的问题也常用于改善作业。

为何、为何、追寻原因的5阶段

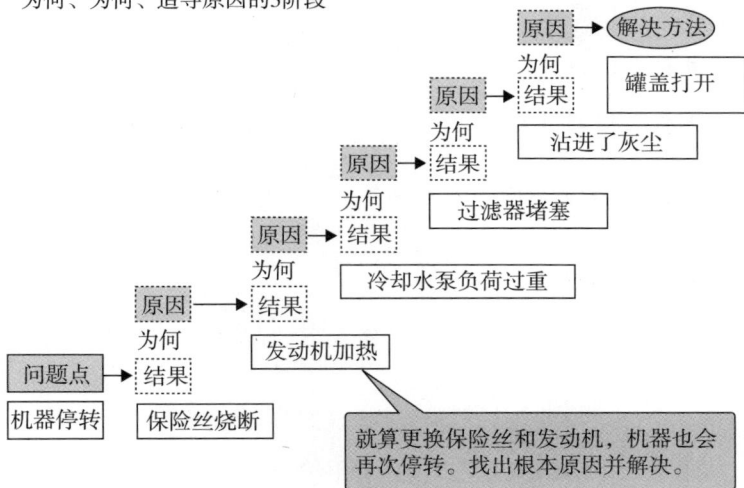

图 4-7　追寻原因需要重复 5 次 "为何"

如何提出改善构思的方法将在后面的章节中介绍。

将通过集体探讨得出的构想记录在改善作业表的改善构想栏中。 最好为各作业要素提出三个以上的改善构想。

关于记录的构想的可行性：

- A：可以由自己进行
- B：通过技术部门的支持来进行
- C：需要请公司外部的专家

关于改善所需时间：

- A：1 周以内
- B：1 个月以内
- C：超过 1 个月

关于改善费用：

- A：10 万日元以内
- B：10 万日元以上，50 万日元以内
- C：超过 50 万日元

如上，将其分成三类进行评价即可。

我们可以按照个别的作业要素讨论并选择需要进行改善的项目，同时还可以将选择的优秀构想整理为如表 4-2 所示的改善构想表，并加上简单的说明及草图。

到此为止，我们完成的是单个作业要素的改善——新作业方法的基本设计步骤。

表 4-2　改善构想表

工序：安装底板	填写日期：
主题 改善短滑槽	姓名：

<table>
<tr>
<td>现状：
</td>
<td>记录：

每次需要走五步才能取底板
滑槽上半成品过多
滑槽的方向不是很好</td>
</tr>
<tr>
<td>改善方案：
</td>
<td>记录：

将滑槽设计得稍短、
划线表示出半成品、标准
数量为3个

将滑槽置于主要输送带与次级
装配台之间
等半成品运完后再进行次级装配</td>
</tr>
</table>

期待效果	
Q：	
C：	技术可行性：
D：	改善需要时间：
	改善费用：
批准：	

145

4-4 新作业方法的详细设计

SHIPS 的步骤 3 是新作业方法的详细设计。

该步骤中的详细设计主要有以下 5 个目的：

- 利用基本设计中的个别改善方案，策划完整的流水线组编方案。
- 对该流水线组编方案中的瓶颈工序再次进行改善，使其更加完善。
- 讨论是否还有其他方法，制订多种代替方案。
- 从多种代替方案中选择团队的最终方案。
- 讨论代替模型以外的产品的生产方法。

在详细设计步骤中，我们需要有效利用基本设计中个别讨论的改善构想，重新总结流水线整体的改善方案。 让我们依次来看看。

（1）作业要素的分配

请看表 4-3 改善后的作业表。

如该表所示，我们需要将作业要素分配到流水线中的每个人。 在分配之际，可在改善作业构想 I、II、III 栏右侧添加作业分担设计栏（代替方案 1、2、3…）。根据作业顺序讨论每项作业要素应该由第几名作业人员来负责较好，并在作业分担设计栏中分配作业，以便让每名作业人员的人数换算值合计在 0.8 到 1.2 之间。

表 4-3　改善后的作业表

填写日期									目标CT：12秒	详细设计作业分担方案				
对象流水线		产品模型												
No.	工序	No.	作业	基本	辅助	作业时间	频率	合计	人数换算值	改善构想	代替方案1			
											作业人员			
						秒	次/CT	秒	人	I	1	2	3	4	5
1	将零件安装至机器	1	用双手按下机器的开关	○		1.6	1	1.6	0.13	S:走近	0.13				
		2	取出、重新拿起机身	○		2	1	2.0	0.17	S:走近箱子	0.17				
		3	安装零件，拿至输送带	○	×	3.6	1	3.6	0.30	C:同时动作	0.30				
		4	放置在输送带上		×	0	0	0.0	0.00	不需要	0.00				
		5	等待机器运转		×	4	1	4.0	0.33	R：改变顺序、不需要等待	0.10				
								小计	11.2	0.93					
2	放入塑料袋中	1	取出塑料袋并打开		×	1.8	1	1.8	0.15		0.15				
		2	取出成品，放进塑料袋			4.4	1	4.5	0.38				0.38		
		3	将其置于输送带上		×	0		0.0	0.00	E:不再取放					
		4	将空零件箱置于滑槽上		×	2	1/10	0.2	0.02	R:非周期内由其他人进行					0.02
		5	将空零件箱搬至一起			6	1/30	0.2	0.02	R:非周期内由其他人进行					0.02
								小计	6.7	0.57					
3	加入干燥剂	1	置于输送带上	○		1.2	1	1.2	0.10	E:不再取放（在输送带上进行）	0.10				
		2	制作成品箱	○		3	1	3.0	0.25			0.25			
		3	将成品箱放置在输送带上		×	0.5	1	0.5	0.04	S:在输送带上进行		0.04			
								小计	4.7	0.39					
4	安装苯乙烯缓冲台	1	从输送带上取下箱子	○		2.6	1	2.6	0.22	E:不再取放（在输送带上进行）			0.22		
		2	取塑料袋，并封口	○		2.2	1	2.2	0.18	E:不再取放（在输送带上进行）			0.18		
		3	将塑料袋成品置于缓冲台上	○		1.3	1	1.3	0.11				0.11		
		4	将其放置在输送带上		×	0	1	0.0	0.00	E:不再取放	0.00				
								小计	6.1	0.51					
5	将机身放入箱内	1	放置缓冲盖	○		2.4	1	2.4	0.20	R:将上下顺序颠倒后放入		0.20			
		2	关上中盖	○		3.6	1	3.6	0.30			0.30			
								小计	6.0	0.50					

人数换算值合计	0.95	0.79	0.89	0.09	0.09
秒	11.40	9.50	10.66	11.90	1.14

147

分配作业时需要注意平衡每人的作业量，分配完毕后需要制作改善方案的作业时间图及人机图。并把握好瓶颈工序为哪一工序，流水线编组的效率如何，各工序的人数换算值分别为多少等问题。改善后作业表的完成版如表4-3所示。

（2）瓶颈工序的讨论

在该改善事例中，改善前需要7个人花费13.2秒进行的工作，在改善后只需要4个人加上一名组长——人数换算值为0.09（9%），即可完成工作。

图4-8是改善后的作业时间图。如该例所示，1名作业人员的人数换算值为0.99，假设这是瓶颈因素的话，因为一周期分配有0.99倍的工作，所以在该例中，目标周期分配有12秒×0.99，即11.9秒的作业要素。

接下来再通过集体研讨来讨论能否让瓶颈工序不再成为瓶颈，能否再缩短一些时间。

此外还需要探讨所有工序中人数换算值能否降低到0.9以下，各工序中基本作业所占的比例如何，争取基本作业的比例达到80%以上。关键是要想方设法改善瓶颈工序的作业要素以及改善整条流水线的所有工序，达到同时满足基本作业比例80%以上、流水线组成效率90%以上、人数换算值0.9以上的三项条件。

此外，在详细设计的阶段，我们还需要讨论上述四大改善原则 ECRS 中的 S（简化）。改善瓶颈工序可以提高整条流水线的产量及生产率，因此即便 S 的构想会花费一定的成本，只要合算的话也应该提上议程。

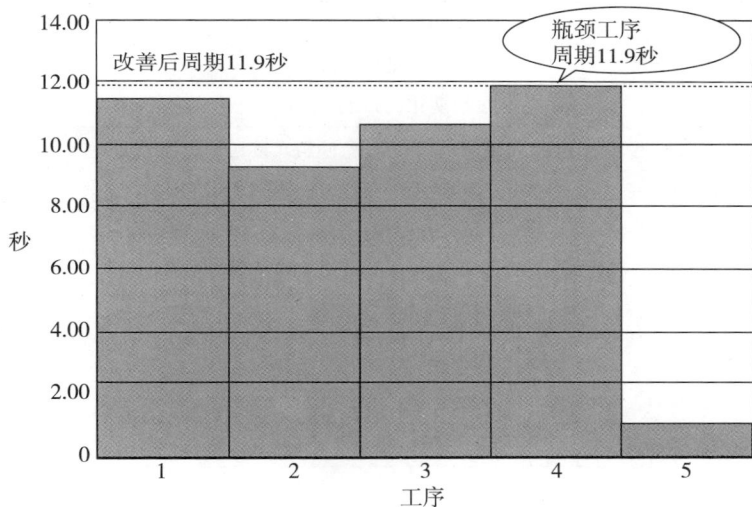

图 4-8　改善后的作业时间图

集体讨论瓶颈环节的 5W1H 及 ECRS 后，还需要讨论每名作业人员的实际作业顺序，如果有必要的话，针对作业中走动范围过大的作业人员制作作业区域的配置图，并重点制作、讨论作业中应该从哪儿走到哪儿等改善前后的路线图。然后将时间较短的作业要素分配在前后的工序中，最后再次进行调整，使每人的人数换算值达到平衡。

149

在详细设计代替方案之际，参考构想如表 4 – 4 所示。

表 4-4　设计改善方案时的参考构想

改善方案构想		
1	质量分配	总结同种工作
2	数量分配	按工作量进行分配
		短周期化(方便自动化)
3	有效利用产品特点	重力下落、滑槽、倾斜式输送带
		连续加工、同时加工、多轴加工
		同时加工对称产品(左右、上下、前后对称产品)
		比例型尺寸零件的参数处理
4	时序	时序自由化
		利用缓冲
5	搬运单位	装载工具(箱子、货盘、推车等)
6	搬运方式	单个搬运、批量搬运、混合搬运
		连续、断续、自由流通
7	搬运方法	运输用具(输送滚筒、输送带、输送机等等)
		叉车、起重机、自动搬运车
		对象物件自动移动(颗粒、粉末、液体等等)
8	周期变更	同时作业(多条流水线、多个生产单元)
		改变轮班
9	生产方式	流水线生产、加工车间生产、单元式生产
		固定型生产
10	作业形式	单元式作业(个人作业;单室作业;团队作业)、流水线作业
11	职务设计理论	职责扩大化、职责充实化、工作轮换

正如该表所示，我们可以参考各种分配方法、生产
方式及作业形式，讨论三个以上的代替方案并拟定草
案。 工作方法应该有很多，因此希望大家不要沿袭旧
例，而应该自由地提出代替方案（将其填写在改善后的
作业表的代替方案栏中）。

此外，在研究今后的作业方法时，表 4-4 最后一栏
所示的职务设计（Job Enrichment，Job Enlargement）极为
重要，在此说明其要点，其设计的方法如下所示：

● 确保每名作业人员都拥有完整的作业周期，以方
便每名作业人员可以单独生产一个产品或零件。

● 采用自动生成作业节奏的方法。当作业动作或者
材料运转均准确无误地按照规定重复进行时，或是各作
业周期中出现有主次内容的作业内容时，作业节奏便会
自动生成。

● 与其从外部强制规定作业人员的作业速度，不如
让作业人员选择适合自己的速度。

● 各作业人员分别检查、测试自己的工作，并附上
已检测的证明。

● 尽量按规定调换各作业人员的工作。

职务设计可以有效地用于生产多种类少量型产品。
在生产一定产量的产品时，有时职务设计能比传统的分
工化及输送化更容易提高整体生产率。 因为其不仅能改

151

善方法，还能有效地提高作业人员的绩效。 它是 1 人 1 单元式生产（单室方式）、小组单元式生产等生产方法的原型，因此在设计改善方案时不妨多多讨论这方面的事项。

以下是探讨详细设计代替方案时的注意事项：

- 调整作业时序，以便作业人员之间不会互相干扰。
- 增加作业自由度，以便不会产生时间上的矛盾。
- 在等待机器运转的时间内进行其他作业。
- 增加工序或岗位数量
- 全面应用动作经济原则（详见后述）
- 让机器运转时间不会成为瓶颈时间
- 设置若干个半成品置放处，以便减轻转台和输送带的负担，同时有效利用零碎时间也极为重要。
- 瓶颈工序尽量往后推。
- 不忽略安全和质量方面的问题。

（3）详细设计方案的评价及选择

为整条流水线设计的详细设计替代方案的比较内容包括：

- 改善效果
- 改善费用
- 实施的难易度

152

● 实施所需的时间

如表 4-5 所示，我们可以制作代替方案比较表并进行评价、选择，并选出一个合适方案作为最终方案运用到工作中。 此时需要确认是否完成了最初团队的改善目标，以及是否达到基本作业比例（80% 以上）、流水线组成效率（90% 以上）、人数换算值（0.9 以上，机械工厂的话 0.8 以上）。 如果没有达到目标数值的话，可能需要再次讨论。

表 4-5　代替方案比较表

代替方案 No.	特点	改善后人员	编组效率	改善费用	必要时间	改善的难易度	备注
现状							
1							
2							
3							

4-5　总结新作业方法

SHIPS 的步骤 4 是总结新作业方法。

整理之前制作的详细设计内容，并针对对象工厂制定实施改善的策划书。 该策划书需要简单易懂地提出新生产流水线的作业设计内容。 除了新配置、新人员部署图以外，还需要附上个别改善方案的说明书、相关数据、实施时的注意点、日程计划等等，使之更加具体。此外还需要召开策划发表会并在会上对该策划书进行说明，在得到干部的批准后再实行。 以下依次介绍制作策划书时需要的文件。

①策划书封面

第一页填写对象工厂或流水线名称，同时整理改善前后的对象人员、周期、日产量、生产率提高率等数据并填入表格，实施改善的策划书例如表4-6所示，这是策划书的封面。

②配置图、人员部署图

附上改善前后的配置图，明确指出配置的变更点及作业人员部署的不同。

③改善前后的作业内容比较表

制作并添附改善前后的作业标准书或作业顺序书，重点说明改善点。

④改善项目一览表

将实施新作业方法时所需的个别改善方案的项目名称和内容整理成改善项目一览表，明确合计费用及是否需要其他相关部门的支援。 其形式如表4-7所示。

⑤个别改善内容说明书

为改善项目一览表中显示的所有改善项目都加上说明，并整理附加上改善计划表。

表 4-6　改善实施计划书

改善实施计划书		页码：　／	
工厂：	流水线名称：	产品模型：	日期：
填写人：			
	现状	改善后	差异
改善对象人员	7 人	4+0.2（组长）人	2.8 人
周期	13.2 秒	11.9 秒	缩短 1.3 秒
日产量	1750 个（实际成绩）	1930 个（80%运转率）	+180 个
生产率提高率	100%	185%	85%

内容

1. 改善前后配置、人员部署

2. 比较改善前后作业内容（作业时间表、人机图）

3. 改善项目一览表

4. 个别改善内容解说书

5. 实施时的注意点

6. 新作业分担表

7. 其他

表 4-7　改善项目一览表

填写人：　　　　　　　　　　　　　　日期：

No.	作业名称	改善项目名称	改善内容	分类				实施必要事项			批准
				E	C	R	S	计划费用	实施时间	负责部门	

⑥实施时的注意点

同时整理并附上实施时的注意点。 比方说我们还应该讨论作业的注意事项、休息时间、换班前后的必要事项、对模型以外的产品进行生产时的注意点及不同点、加急订购及产量剧减时的应付措施等等，并将其整理成文件。 具体形式请参照表4-8。

⑦作业分配表

将改善后的新作业方法的最终作业顺序、内容及条件整理成简单易懂的作业分配表并添附在策划书上，形式如表4-9所示。

表4-8 实施时的注意点

No.	项目名称	内容	填写人：		日期：		
			相关事项				
			质量	成本	交货期	安全	其他
1	处理次品	废弃：	×				
		重新加工：	×				
2							

表4-9 改善作业分配表

工厂： 产品： 填写人： 日期：

No.	工序	No.	作业	详细说明	工序	作业人员					注意事项
						A	B	C	D	E	

⑧其他注意事项

在策划书中加入改善后的人机图及作业时间图等参考资料效果会更佳。 此外，最好将生产其他产品时的人员组编、作业分配表、周期、机器速度及条件等也整理成一览表。

由于产品模型已经得到了详细的探讨，因此在生产其他产品时，只需讨论其与产品模型的区别即可，所以所需讨论时间应该较短。

4-6　新作业方法的实施及跟踪

SHIPS 的最后一步——步骤 5 为实施与跟踪新作业方法。

SHIPS 改善步骤在过去 30 多年时间应用于各大工厂并取得了极大的成绩，因为这一系统化的过程将过去的IE 知识及改善技术集为一体。 各位读者只要如实地依照该步骤去做，相信不久后应该就能制订缩短标准时间的改善方案。

然而，改善构想如果无法实现的话也就失去了其意义。 为了实现之前讨论并制订的改善方案，进而取得有效的成果，我们需要切实地执行并对改善方案的实施进行跟踪。 在该步骤中，我们需要计划全面实行新作业方法的组织性活动，切实地保证改善方案的实现。

　　现场的作业人员一般都对新方法抱有抵触心理。　在现场实施新作业方法时，常常会有监督人员找出各种借口拒绝。　因此负责改善的工作人员需要用自己的技术来对这些问题进行逻辑性分析。

　　也就是说，我们需要为监督人员提出的疑点作出合理的解释，如果有不合理的地方则加以改进，使新作业方法更加适合现场环境，并让监督人员理解新的标准作业方法。　毕竟实施改善方案的工作最终还是需要落在现场的监督人员身上。　虽然让监督人员正确地理解需要花费一定的时间，然而这是极为重要的工作。

　　即便让监督人员理解了新作业方法，也不能保证马上得以实施。　我们还必须准备计划书中各改善方案所需要的治具及设备。　此外，还需要有计划地进行更改整个工厂的配置等方面的工作。　因此需要先进行试运作，再进入正式运作。

　　在改善设备、治具等方面，我们需要从相关部门推选出熟悉设备治具的执行委员，让他们来推进改善工作。　而在推进整个工厂的改善工作时，我们还需设立推进委员会，并请企业高层担任委员长一职。

　　图 4-9 是推进组织的例子，表 4-10 则是推进日程计划的例子。

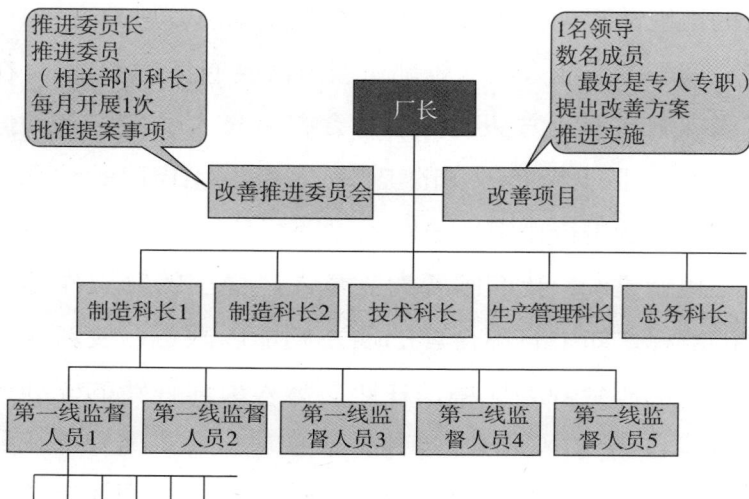

图 4-9 改善组织

表 4-10 推进日程计划

在此列举实施新作业方法时的注意事项：

①**每周开展一次讨论会**

从实施准备阶段开始，改善团队成员，每周都需要召开一次会议，流水线的负责人及相关部门的执行委员也要参加，大家一起讨论实施的进度、出现的问题并商量对策。

②**遵守新方法所规定的人数**

新方法规定定额 4 名作业人员时，监督人员常在熟悉新方法之前派 5 个人来工作。然而这样无法练习 4 个人的新方法，之后也一直需要 5 个人来进行作业。如果有所担心的话，可以让 1 个人作为助手，当作业速度过慢时稍微帮帮忙，最重要的是，让所有人都适应 4 个人的新方法。

③**贯彻新方法**

新作业分配表上没有标明使用新方法的目标时间。这是为了让作业人员彻底适应新方法。即使作业人员不知道目标时间，只要其采取正确的方法，以后的作业时间自然会比目标时间更短。

上述内容主要通过 SHIPS 的例子介绍了缩短标准时间的方法。由于篇幅关系，本书只列举了一些要点。通过笔者自己的经验，通过使用 SHIPS 不仅在日本国内，而且在韩国、美国、欧洲、澳大利亚等国家和地区

161

的家电、汽车、食品等多个领域提高了生产率，节省了人力资本。 希望读者们也能参考该方法，加上企业自己的努力对改善方法及缩短标准时间作出尝试。

第 5 章
方法改善的分析方法

本章内容的解说流程如图 5-1 所示。

5-1 P-Q 分析

本书上一章中也提到过 P-Q 分析（参见图 4-4），由于该分析方法的应用范围很广，因此特在本节中详细介绍。

P-Q 分析又叫产品数量分析。 P 指 Product（产品），Q 指 Quantity（数量）。

通过该分析可以调查比方说工厂 1 个月内生产的产品（Product）种类及产量（Quantity）。 P-Q 图表的纵轴表示产量及产量比例（％），横轴按产量从多到少的顺序排列，反映了各产品产量的累积比例。

5-1 P-Q分析

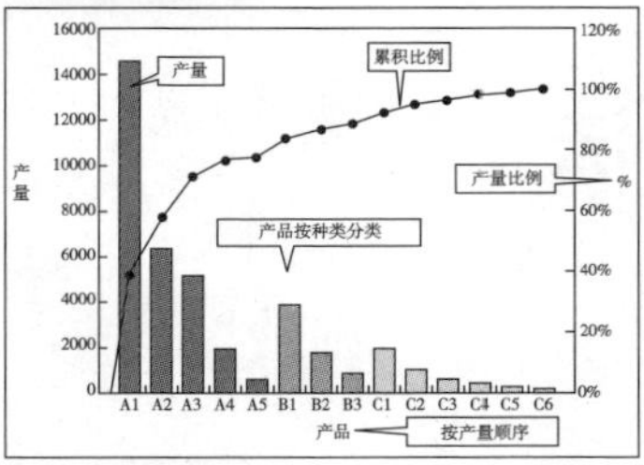

5-2 工序分析

工序	工序名称	符号	内　容
加工	加工处理		表示原材料、材料、零件、产品的形状或质量发生变化的工序。包括计算、记录、整理、准备等工作。
搬运	搬运移动		表示原材料、材料、零件的位置发生变化的工序。不过需要靠作业人员在作业场所间向运动操作杆以及加工物料进行运转的情况。
检查	核对数量		表示测定原材料、材料、零件、产品的数量，并与标准进行比较，判断合格与否的工序。
	检查质量		表示测定原材料、材料、零件、产品的质量，并与标准进行比较，判断合格与否的工序。
积压	储藏保管		表示根据计划有意地储藏原材料、材料、零件、产品的工序。
	延迟障碍		表示与计划相反，原材料、材料、零件、产品作为半成品进行保管，处于待机状态。

5-3 作业分析、动作分析

5-4 人机图

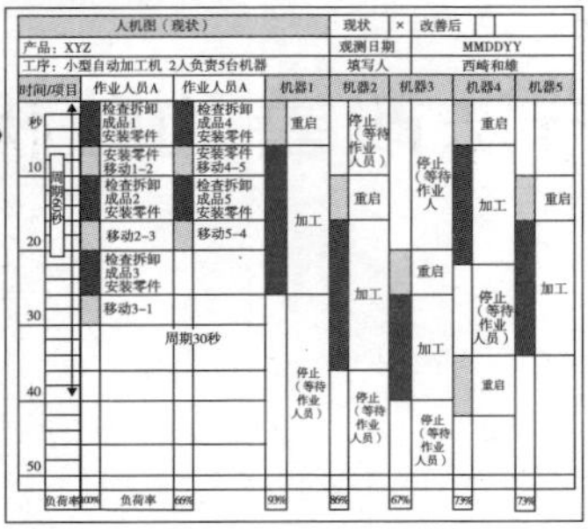

5-5 作业时间图

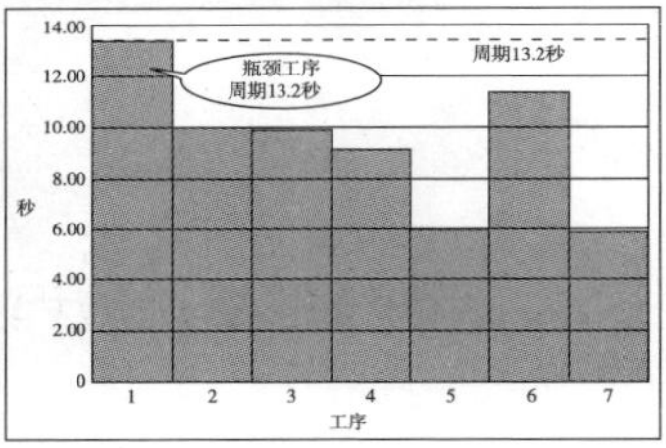

5-6 改善构想的形成方法

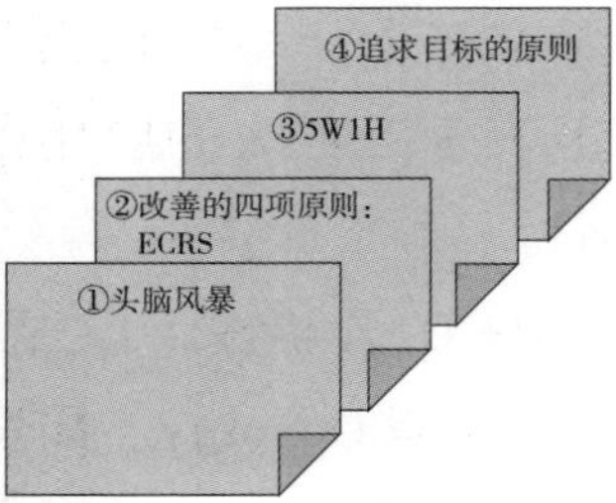

④追求目标的原则
③5W1H
②改善的四项原则：ECRS
①头脑风暴

图5-1　第5章概要　方法改善的分析方法

164

在分析数据之际，关键是首先要对该图表进行整体判断。 在生产多种产品的工厂中，我们难以掌握各种产品的生产比例，而通过 P-Q 分析则可以一目了然地得知在数量上哪些产品是重点。

该图表与分析库存量等时候使用的 ABC 分析图相似，两种分析方法都可以突出重点。 现在使用微软的 Excel 等软件即可轻松地制作此类图表。

图 5-2 是包括补充说明在内的 P-Q 分析例。

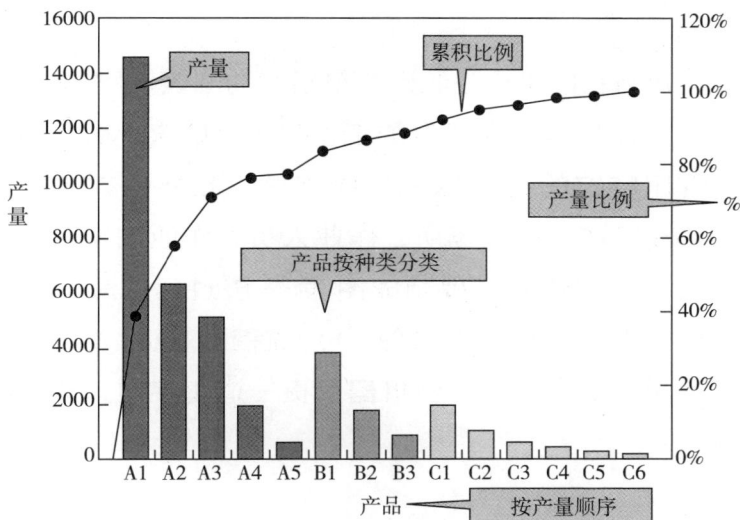

图 5-2　P-Q 分析例

5-2　工序分析

前文中已经提到过，通过分析工作并进行细分

（Break Down），可以将工作分解为工序→作业→作业要素→动作。 工序分析即是分析其中较大的单位"工序"的方法。 工序不仅仅指生产工序，还包括办公工序。

工序分析是通过调查作业人员在工厂或办公室中的活动，或是材料、零件、产品等物料的流通，将这些内容制成图表，用来发现问题点并寻找如何改善的方法。 工序分析是工序编组和工序管理方面必不可缺的方法。

工序分析的重点是制作简单易懂的图表。 方法是根据作业流程将其过程分为加工、搬运、检查、积压等工序，并用特定的符号标示这些工序，此外记载所需时间、移动距离、作业场所、作业人员、作业内容、移动方法等，并将整体过程制成图表。 该过程一般以物料（产品或零件）的流通，或是作业流程为对象。

通常，由 1 人或 1 台机器负责一道工序时，分为四个部分：

- 加工工序
- 搬运工序
- 检查工序
- 积压工序

各工序的符号及其定义如表 5-1 所示。 这样可以反映正在进行的工作，比方说将某物件从哪儿拿到哪儿，如何进行加工、保管等等。 有时我们除了制作工序的流程图以外，还需要将分析所需要的事项整理成表格形式。

表 5-1 工序分析符号

工序	工序名称	符号	内　　容
加工	加工处理	○	表示原材料、材料、零件、产品的形状或质量发生变化的工序。 包括计算、记录、整理、准备等工作。
搬运	搬运移动	⇒	表示原材料、材料、零件及产品的位置发生变化的工序。 不过需要除去作业人员在作业场所内拉动操作杆以及加工物料进行旋转的情况。
检查	核对数量	□	表示测定原材料、材料、零件、产品的数量，并与标准进行比较，判断合格与否的工序。
	检查质量	◇	表示测定原材料、材料、零件、产品的质量，并与标准进行比较，判断合格与否的工序。
积压	储藏保管	▽	表示根据计划有意地储藏原材料、材料、零件、产品的工序。
	延迟障碍	D	表示与计划相反，原材料、材料、零件、产品作为半成品进行保管，处于待机状态。

此外，我们还可以使用工序分析符号，用线条来表示配置图上物料的流通及作业人员的移动情况。

根据整理结果的形式不同，这种图表被称为"工序流线图"（配置图形式）或是"工序分析表"（表格形式）。 此外，根据分析对象和目的的不同，有时会被称为搬运工序分析或办公工序分析等等。

表 5-2 是工序分析表的例子（QC 工序表）。

167

表 5-2 工序分析例

工序分析表（QC工序表）

流程图				工序内容	草图·加工重点	管理项目				异常处理			备注
原材料·工序	准备	本工序	工序顺序			管理项目	规格（条件）	频率（负责人）	检查方法	管理图其他	负责人	处理方法	
涂装		○	1 从吊架上卸放至作业台										
		□	2 目测检查			涂装厚度外观重量	0.2+0.05mm 瑕疵、凹凸 855+5g	1/10 全部 5/批（作业人员）	厚度测量测仪目测秤	X-R管理图 p管理图 R管理图	组长 组长 组长	返工 废弃 废弃	
		▽	至下一工序										
		○	3 安装治具										
▽		○	4 印刷（1）										
▽	→	○	5 加入标志 下一治具										
		○	6 印刷（2） 至下一工序										
▽	→	○	7 装配LED导光板										
▽	→	○	8 装配主要开关 下一治具										
		○	9 印刷（3） 至下一工序 至作业台										
		□	10 检查 至下一工序 至转台			外观	标志位置 印刷部分的污点	全数 全数	H=50+0.2 L=2.5+0.5 目测（作业人员）	p管理图 p管理图	组长	废弃	
▽	→	○	11 贴胶带 至下一工序										
▽	→	○	12 至下一工序										
▽	→	○	13 取出并打开箱子										

通过工序分析的结果，我们可以整理对象产品、零件、作业人员、机器等相关的问题点并探讨改善方案。该分析方法的特点是可以通过配置图或流程图形象地表示运转情况或是作业流程。 如果应用恰当的话，工序分析方法可以成为有效改善作业的工具。

5-3 作业分析、动作分析

工序可以细分为作业分析和动作分析。 以作业或动作为单元进行分析的方法即作业分析/动作分析。 通过该分析可以找出作业/动作的问题点，并寻找到改善的线索。这是改善作业及设计新作业方法之际必需的分析方法。

作业分析/动作分析的重点与本书第 4 章解说的基本作业与辅助作业的判断类似，即需要从该作业（或动作）是否可以产生附加价值的角度进行分析。 将工作细分为作业和动作单元时，我们会发现与工作目的没有直接关系的动作，即浪费型动作。 这种浪费看上去很细微，但通过持续改善可以极大地提高整体生产率，因此不能疏忽。

作业分析/动作分析主要适用于生产工厂，不过如果有需要的话，也可以以办公室内的工作为对象。

该方法也需要使用分析符号制成简单易懂的图表进行分析。 作业分析的例子如表 5-3 所示。

表 5-3 作业分析与改善着眼点(例)

	作业内容	所需时间	移动距离	目的(what?)	原因(Why?)	功能	改善着眼点
		(1/100分)	(m)	(为了…)	(因为…)	(…的工作)	ECRS,5W1H,5Why?
1	取材料	26	0.65	为了取材料	因为材料放在容器内	从容器中取出材料的工作	将容器放得更近些
2	取抹布			为了取抹布	抹布放在台上	拿起台上的抹布的工作	不使用抹布,而使用其它方法(喷雾、切削油)
3	擦拭材料			为了擦净材料	因为材料上沾有粉尘	将材料上的粉尘除去的工作	用洗洁液清洗整个容器
4	擦拭卡盘	▼		为了固定卡盘			超声波清洁机
				为了保证精确度			安装、装卸自动化
5	安装三爪卡盘	28	0.55	为了夹持	因为需要用卡盘进行固定	将材料移至卡盘的工作	
6	用扳手拧紧			为了拧紧卡盘	因为其结构可以用扳手拧紧	固定材料的工作	卡盘自动化(气动卡盘、油压卡盘)
7	安装开关			为了操作、控制操作杆	因为首先必须打开发动机	启动的工作	
8	启动					旋转材料的工作	
9	运转	▼		为了完成加工	因为需要完成加工		
10	完成加工(自动运转)	44		为了完成加工	因为需要旋转并切削材料	切削材料的工作	为了优化切削条件
				为了完成规定的精确度	因为要求达到规定的精确度	完成加工的工作	在自动运转时进行其它作业
				为了完成加工			再次讨论精确度…
		▼		为了从卡盘上取下	因为必须从卡盘上取下来		
11	将成品从夹盘取下	31	0.5	为了将成品从卡盘上取下	因为成品装在卡盘上	从卡盘上移开的工作	通过自动拆卸、滑槽将成品卸至容器中
12	用千分尺测定			为了确认是否达到规定的质量		挑选优品的工作	可使用极限量规
				为了完成优品		将成品移至容器的工作	自动检查机…
13	放入容量	▼		为了搬运至装配工厂	因为需要将200个作为一批运至装配工厂		使用单件流如何?

170

吉尔伯莱斯（Gilbreth）夫妇将各种作业通用的基本动作分为 18 种类型，并将其用符号表示，取名为"微动作"（Therblig）（Gilbreth 的反写形式），以此作为改善作业动作的辅助方法。

微动作将各种作业中所使用的身体动作进行了分类。 表 5-4 中列举了这 18 种动作及符号。

该微动作表中的动作要素几乎都是少于 1 秒的瞬间动作，不过如果习惯的话也可以进行目测，并从中得到不少改善动作的线索。

微动作表中列出的动作依照作业目的可以分为：

- 基本动作：直接有效的动作
- 辅助动作：非直接的、不得不采取的动作；有妨碍工作倾向的动作
- 其他：不算入工作范围内的、无意义的动作

改善基本作业及基本动作是直接提高生产率的有效方法。 而辅助作业、辅助动作及其他则需要通过改变作业场所的配置或动作顺序，以及改善机器的维护工具等方法来排除。

通过 SHIPS 等策划新作业方法时，设计作业的方向如下所示：首先需要编排基本作业的要素，以便可以在最短时间内完成工作，然后再加上不得不采取的辅助作业，同时排除其他要素。

表 5-4 微动作符号

	名 称		符 号		说 明
1	寻找	Search	SH		视线在四周寻找物件
2	选择	Select	ST		视线落在物件上
3	抓取	Grasp	G		伸手抓取物件
4	运空	Transport empty	TE		手里没有任何东西
5	搬动	Transport Loaded	TL		手里拿取物件
6	握取	Hold	H		磁铁吸取铁棒
7	放手	Release Load	RL		手中物件掉落
8	定位	Position	P		用手将物件定位
9	预定位	Pre-position	PP		在竞技台上准备九柱戏的柱子
10	检查	Inspect	I		放大镜
11	安装	Assemble	A		将数个物件安装在一起
12	拆卸	Disassemble	DA		拆卸已装配物件的一部分
13	使用	Use	U		Use的第一个字母
14	无法避免的延迟	Unavoidable Delay	UD		一个人撞了鼻子（非故意）
15	可以避免的延迟	Avoidable Delay	AD		一个人故意不工作，躺在一边
16	思考	Plan	PN		一个人用手扶着头思考
17	休息	Rest for overcoming fatigue	R		一个人坐在椅子上休息
18	走路	Walk	W		身体由某一作业场所移动至其它作业场所
19	弯腰	Bending	B		
20	坐下	Sit	SI		
21	站立	Stand up	SD		
22	屈膝	Kneel	K		弯曲膝盖关节并移动身体

资料来源：根据日本能率协会、IE教材编集而成（原著：*Gilbreth, Motion Study*）。

此时设计作业的基础是"动作经济的原则"，具体如表5-5所示。

表5-5　动作经济原则

动作经济原则的定义

动作经济原则是指在生产现场或办公室内实施作业时有效使用身体部位及工具的方法及作业场所的配置等原则。将这些原则应用在实际作业中，可以轻松地完成多种作业。

1）普通原则	2）设备配置的相关原则	3）设计治具的相关原则
1. 双手同时开始、停止动作，在除了休息时间以外不需要等待作业的情况下，可以获得最高的生产率。	1. 在正常作业配置内，将工具和材料放在尽可能近的场所。	1. 避免持续握取工具。
2. 双手同时在相反的方向、依照对称的路线进行动作，这样可以产生自然的节奏和自动性。	2. 将材料及工具按照使用顺序放在身前。这样可以节省"寻找"和"搬运"的时间。	2. 不使用通用工具，使用专业工具。
3. 动作数量最少的方法是最好的方法。	3. 作业周期开始时所需的零件放在之前加工完毕的产品旁边。	3. 尽可能使用两种工具。
4. 尽量使用手指或手，而不使用手臂或肩膀。而且在最小的范围（距离）内使用。	4. 尽量在水平方向进行移动、搬运，避免垂直型移动。	4. 使用工具时需要花费力气的话可以使用方便握取的扳手。
5. 避免突然改变动作方向。	5. 在移动对象物件时利用重力。	
6. 确保动作的自由度。	6. 将工具及材料放置在动作所经途径中。	
7. 避免困难的姿势或动作。	7. 调整每个人的作业台。	
8. 尽可能使用脚或其他身体部位。手同时可以做其他工作。	8. 作业时确保必要的照明。	

资料来源：将梅纳德的动作经济原则和巴恩斯的动作经济原则编集于一起。

5-4 人机图

在本书第 4 章介绍缩短标准时间的方法时，笔者列举了图表化方法——人机图及作业时间表。 接下来具体介绍这两种方法的要点。 首先是人机图。

准确地说，人机图（M-M chart）应该是名为多功能分析表（Multiple Activity Chart）的分析图表。

正如人机图的字面意思一样，该图表在分析人（作业人员）与机（机器）相互关联进行复杂作业时十分方便。 除了流水线以外，在设计、评价单元式系统等作业方法方面也颇为有效。

图 5-3 与图 5-4 分别表示了 2 名作业人员和 5 台小型机器在作业改善前后的分析事例。

该图表的纵轴表示经过的时间，图表详细易懂地反映了横轴的作业人员及机器的构成要素处于何种状态，在哪一时段进行哪一作业，哪些构成要素是瓶颈环节等等内容。

我们可以在时间研究得出的时间值数据的基础上，通过以下步骤使用人机图分析作业：

● 将作业人员与机器在各时间段的构成要素反映在图表中。

174

● 通过确认各构成要素的负荷率，弄清组编的效率。

● 从该分析图把握各种问题点并进行改善，设计、策划新方法。

人机图（现状）			现状	×	改善后		
产品：XYZ			观测日期		MMDDYY		
工序：小型自动加工机 2人负责5台机器			填写人		西崎和雄		
时间/项目	作业人员A	作业人员A	机器1	机器2	机器3	机器4	机器5
秒	检查拆卸成品1 安装零件	检查拆卸成品4 安装零件	重启	停止（等待作业人员）		重启	
10	安装零件 移动1-2	安装零件 移动4-5			停止（等待作业人员）	加工	
	检查拆卸成品2 安装零件	检查拆卸成品5 安装零件	加工	重启			重启
20	移动2-3	移动5-4					加工
	检查拆卸成品3 安装零件			加工	重启	停止（等待作业人员）	
30	移动3-1				加工		
	周期30秒						
40			停止（等待作业人员）	停止（等待作业人员）		重启	
					停止（等待作业人员）		
50							
负荷率100%	负荷率 66%		93%	86%	67%	73%	73%

图5-3 改善前的人机图(2人5台)

这里所说的负荷率是指整个周期内作业人员与机器的有效作业比率。

人机图的绘制方法请参照图5-5。

175

人机图（改善后）		现状		改善后	×	
产品：XYZ		观测日期			MMDDYY	
工序：小型自动加工机 1人负责5台机器		填写人			西崎和雄	

时间/项目	作业人员A	机器1	机器2	机器2	机器4	机器5
秒	检查拆卸成品 安装零件	重启	停止（等待作业人员）	停止（等待作业人员）	加工	加工
10	移动2-3	加工	重启		停止（等待作业人员）	
20	检查拆卸成品 安装零件			重启		停止（等待作业人员）
	移动2-3		加工			
30	检查拆卸成品 安装零件			加工	重启	
	移动3-4					
40	检查拆卸成品 安装零件	停止（等待作业人员）	停止（等待作业人员）	停止（等待作业人员）	加工	重启
50	检查拆卸成品 安装零件					加工
	移动4-5					
	移动5-1					

周期50秒

周期50秒

负荷率100% 负荷率 52%

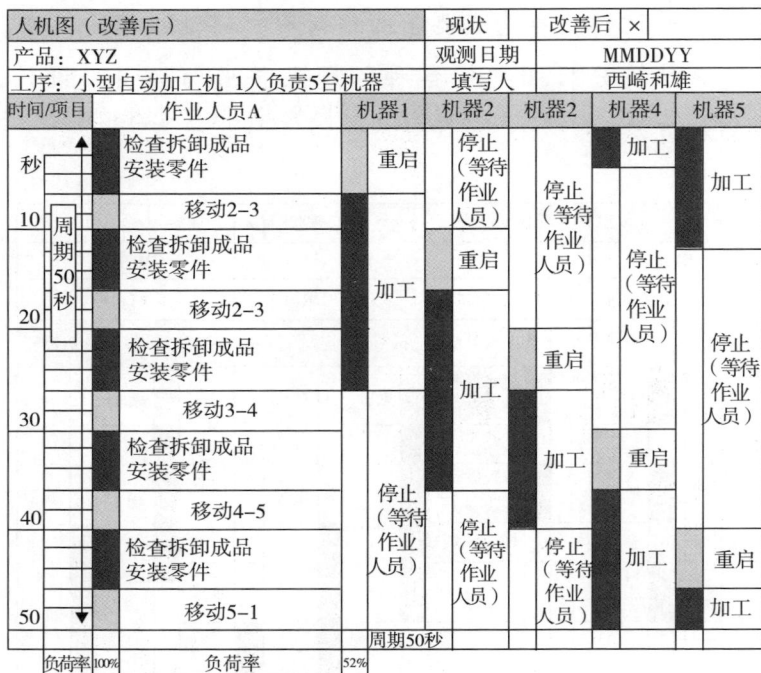

图5-4 改善后的人机图(1人5台)

5-5 作业时间图

作业时间表与人机图一样，使用时间研究得出时间值，并将各工序的负荷——各作业人员的作业时间合计总值（作业负荷）反映于柱状图上。本书第4章中的图4-5（改善前）与图4-8（改善后）即是作业时间图的例子。

176

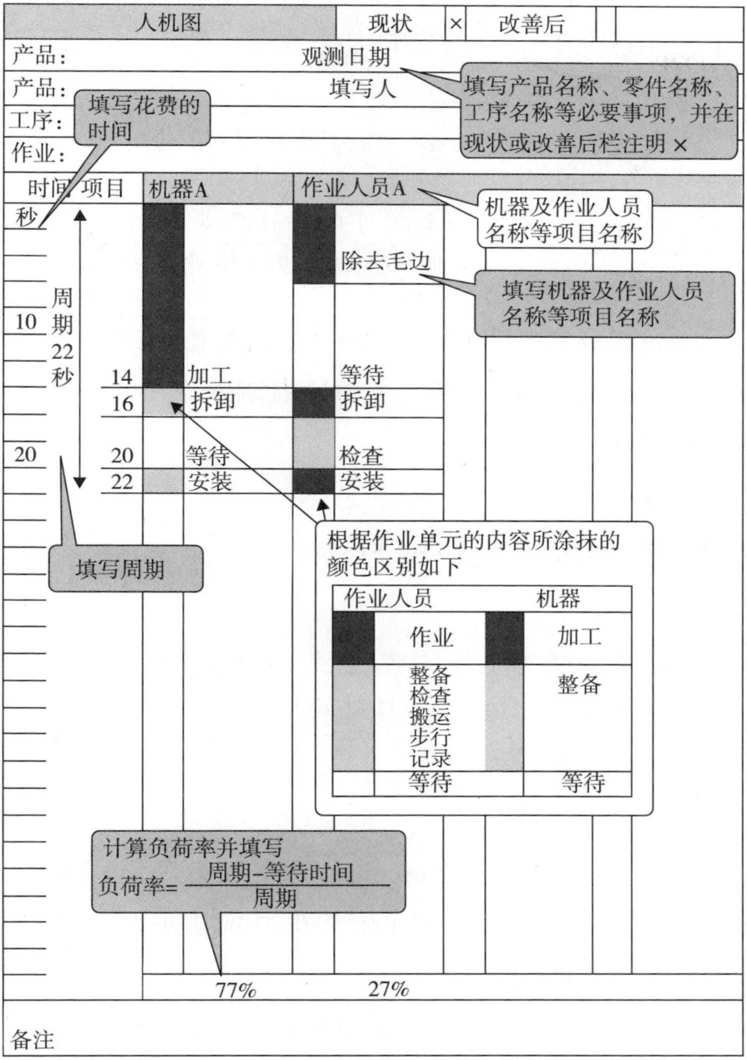

人机图		现状	×	改善后	

产品：　　　　　　　　观测日期

产品：　　　　　　　　填写人

工序：

作业：

填写花费的时间

填写产品名称、零件名称、工序名称等必要事项，并在现状或改善后栏注明×

时间 项目	机器A	作业人员A

秒

除去毛边

机器及作业人员名称等项目名称

10
周期
22
秒

填写机器及作业人员名称等项目名称

| 14 | 加工 | 等待 |
| 16 | 拆卸 | 拆卸 |

20

| 20 | 等待 | 检查 |
| 22 | 安装 | 安装 |

填写周期

根据作业单元的内容所涂抹的颜色区别如下

作业人员		机器	
	作业		加工
	整备 检查 搬运 步行 记录		整备
	等待		等待

计算负荷率并填写

$$负荷率 = \frac{周期 - 等待时间}{周期}$$

| | 77% | 27% |

备注

图 5-5　人机图的制作方法

作业时间图通过图表简单易懂地反映了流水线作业或单元式系统中作业人员的组编效率，即流水线组编效率（也叫流水线平衡）。

流水线组编效率（%）通过以下算式计算：

$$流水线组编效率 = \frac{各工序的合计作业时间}{瓶颈作业时间 \times 作业人数} \times 100$$

该效率类似于人机图小节中提到的负荷率，表示组编流水线带来的作业效率。 100-组编效率（%）即为组编损失（%）。

5-6 改善构想的形成方法

分析了现在的工作内容之后，我们需要从各种角度提出改善构想。 以下介绍几种有效方法。

（1）头脑风暴

头脑风暴（Brain Storming）的字面意思是引发大脑中的风暴，它可以通过讨论会等形式促进形成多种多样的构想。

头脑风暴讨论会一般由 5～10 人组成一个小组进行。 其中一人主持会议，另一人记录所有构想。 主持人需要根据头脑风暴四项基本原则（参照表 5-6）营造

178

出畅所欲言的氛围，让参加者尽可能地展开思维积极发言。

①准备

头脑风暴的参加者不仅包括与主题相关的技术人员和管理人员，还应该让作业人员也参与进来。另外，开展几次 30 分钟左右的短暂头脑风暴比开展一次长时间的头脑风暴效果更佳。在开展头脑风暴之前，我们需要将主题及课题告知参加者。如果有必要的话，主持人可以在进行正式讨论之前准备生产工序表、作业表、VTR 录像、产品·零件设计图、工序顺序表等材料，让参加者事先过目。

表 5-6　头脑风暴的四项基本原则

1）严禁批评 　　不能在会议中批判集体研讨所提出的改善构想。
2）自由奔放 　　最理想的是创造自由、积极的发言气氛。
3）多种构想 　　尽可能地让参加者提出多种多样的构想。
4）奖励联想方案 　　对提出的构想进行联想，由多个构想组成新的方案也十分重要。

②讨论内容

在开展头脑风暴之际，建议各位时刻将前述的改善四原则（ECRS），即排除（Eliminate）、结合（Combine）、更改顺序（Rearrange）、简化（Simplify）铭记

179

于心。

不过，在 ECR 构想全部提出的最终阶段之前，最好不要轻易应用需要支出一定开销的 S（简化）构想。

探讨 ECR 的关键是首先从主要的作业单元进行讨论，然后依次细分为更小的单位即作业要素。 因为如果可以排除较大的作业单元的话，其包括的作业要素也会被排除在外，也就没有必要进行讨论了。

如果迟迟难以提出构想的话，不妨去工厂进行实际观察，或是大家一边看录像一边讨论。 此外，不要仅仅着眼于作业单元，深入到作业要素的话会更容易提出构想。

③头脑风暴结果的汇总方法

在白板或仿造纸上记录针对工序的作业单元及作业要素提出的改善构想。 由提出的改善构想联想到的方案也需要记录下来。

接着判断各种构想分别属于 E、C、R 中的哪种并进行分类。

表 5-7 列举了最近制造业中出现的各种课题，仅供参考，希望可以在召开头脑风暴时给大家带来一定的启发。

④整理、总结构想

在头脑风暴结束时，我们需要评价各种构想，并将其整理为具体的、现实的构想。

最后，利用易于比较各种想法的如表 4-2 所示的"改善构想表"及表 4-7 所示的"改善项目一览表"，整理成头脑风暴报告书。

表 5-7　缩短标准时间的相关课题

制造部门	设计部门	生产管理、材料、购买部门
①流水线及设备的机动性——短期整备、零整备化	①设计生产率——容易加工、装配的设计	①区分内外作业、委托、厂内承包
②设备、治具的高度信赖性、预防性维护	②易于保证质量的设计——通过新材料、代替工作方法、周全的计划等来防止作业错误	②零次品化、验收排除
③作业标准化、短周期化、自动化、机器人化	③更改加工部分、加工位置、一体化、同时加工	③小批化、依序交货、按时交货
④以质量为本、检查及维护的自动化、防止作业错误	④易于搬运的设计——方向、安定性、流动性	④明确规格——加工标准面、切剪方向
⑤搬运自动化、生产一致化、流水线化、单元化	⑤检查的难易度、安装的难易度——检查油压、空气压	⑤评价、指导订购厂家、海外订购、现场生产
⑥使用新技术的代替工作方案、无人化、夜间无人化	⑥治具、加工部分、工作方法的标准化、共通化、集团化以及单元化	⑥缩短采购周期、减少采购单位、简化事务作业、重新评价仓库零件标准
⑦计算机管理、机电一体化	⑦模拟——3D 模拟、生产前讨论、加工控制、装配性、人机工程学、缩短开发时间等	⑦提高销售计划的精确度、重新评价仓库产品标准、减少时间段、缩短生产周期、加快·减慢计划变更

181

（2）改善的四项原则：ECRS

在此补充说明提出构想时经常会涉及的改善四项原则 ECRS 的具体问题。

●排除（Eliminate）

- 真的需要该作业吗？
- 如果不进行该作业，能否得到期待的结果？
- 能否将该作业全部放弃？
- 如果停止该作业的话，会产生什么样的问题？

●结合（Combine）

- 是否有必要单独进行该作业？
- 能否与其他作业结合（Combine）进行？
- 是否将类似的可以一起进行的作业分散开了？

●更改顺序（Rearrange）

- 作业的顺序是否重要？
- 改变顺序（Rearrange）的话作业是否会更加轻松？

（比方说，在机器运转中进行作业（外部整备等）的话可以降低机器的停运时间。）

●简化（Simplify）

- 如果不能排除（E）作业的话，有没有更简单的方法？

- 能否减少距离或重量？
- 能否通过机械化或自动化来进行？

在头脑风暴中向成员提出以上问题的话，可以激发成员的思维，使其提出各种各样的构想。偶尔还会出现标新立异的构想，然而这些构想有时可以实现并能带来极大的改善。这正是改善四项原则的优点。

（3）5W1H

5W1H 也是促进构想形成的有效工具之一。

相信不少读者已经知道，5W1H 指的是 What（何物）、Where（何地）、Who（何人）、When（何时）、Why（为何）的 5W 及 How（如何）的 H。"何人在何时何地如何处理何物，为何"，此类 5W1H 的问题和 ECRS 的问题一样经常在头脑风暴中出现。

图 5-6 显示了如何应用 ECRS 和 5W1H。

（4）追求目标的原则

与图 4-7 所示的根据 5 个阶段 Why 寻找原因的方法相反，在召开展头脑风暴之际，逆向追溯目的将有益于构想的形成。因为日常作业正是达到某种目的的手段。我们往往容易忽视这点，事实上"目标是什么？"之类的问题

183

不仅能够促进形成构想，还可以有效地解决各种问题。

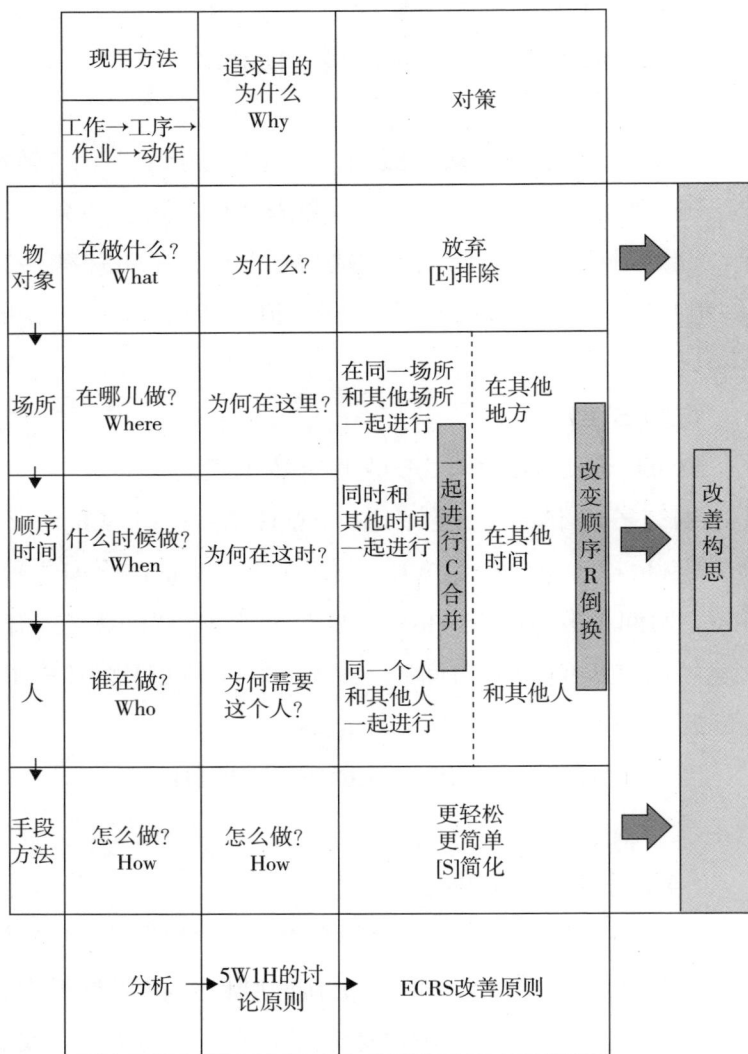

现用方法 工作→工序→ 作业→动作	追求目的 为什么 Why	对策			
物 对象	在做什么？ What	为什么？	放弃 [E]排除		
场所	在哪儿做？ Where	为何在这里？	在同一场所 和其他场所 一起进行	在其他 地方	
顺序 时间	什么时候做？ When	为何在这时？	同时和 其他时间 一起进行	在其他 时间	改善构思
人	谁在做？ Who	为何需要 这个人？	同一个人 和其他人 一起进行	和其他人	
手段 方法	怎么做？ How	怎么做？ How	更轻松 更简单 [S]简化		
	分析 →	5W1H的讨 论原则 →	ECRS改善原则		

中间竖条：一起进行C合并　　改变顺序R倒换

图5-6　5W1H 与 ECRS 的关系

追求目标的原则基于以下顺序：

①把握目标与方法的系列关联

工厂中的所有作业都是达成某种目的的方法。

比方说，作业人员"伸手"的动作，

→为了"抓取车床的手柄"

→这是为了"将刃具靠近材料"

→将刃具靠近是为了"截断螺丝"

→这是为了"制造零件"

→而这是为了"装配机器"……

依照以上方法进行回溯即可掌握目的与方法的系列关联。

该流程如图 5-7 所示。

②讨论方法是否适合目标

根据上述步骤弄清楚最重要的目标后，需要讨论现在的方法是否符合该目标。此时可以发现许多不合理的作业。

③改善根本性方法

追求目标的原则教给我们不应该拘泥于琐细的、局部的改善，而需要进行根本的、理想的改善（比方说排除某一作业本身之类的改善），这是极为有效的方法。改善专家常说"不要安于现状，对现在的所有方法都得抱有疑问"，这种态度与追求目标的原则是一致的。

185

追求目的

5-why?
5次"为什么"

策划代替方案

选择

最适合的改善方案

达到目的

（回到所追求的目的）

把握目的与方法系列

讨论方法是否适合目的

现在的方法

其他方法1　其他方法2　其他方法3

不适合　判断　适合

废除

不需要

必要

利用方法的精炼化

排除不合理之处

标准化　简单化　机械化　分工化

采用、实施

更低价　更简单　更迅速　更准确

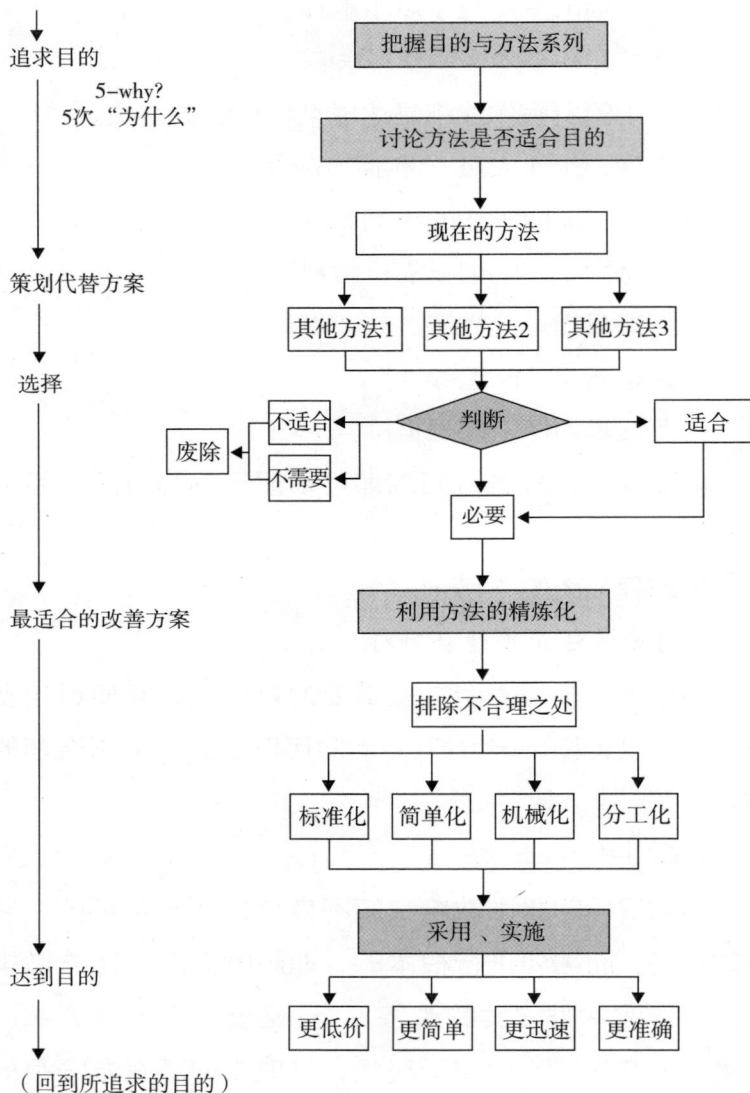

图5-7　讨论目的与方法的系列

186

最后附上缩短标准时间的分析方法及在 IE 中常用的各种方析方法，请参照表 5-8。 其中有些方法本书没有涉及，请自行参照参考文献。

表5-8 分析方法一览

分析方法	概　　要
1. 工作采样	调查人与设备的工作内容
2. 评价	调查作业人员的绩效
3. 作业分析	调查作业人员的作业内容
4. 动作分析	从动作层面调查作业内容
5. 作业要素分析	从作业要素层面调查作业内容
6. 作业单元分析	从作业单元层面调查作业内容
7. 联合作业分析	多个作业人员同时作业时，调查作业人员之间的关系
8. 4W 图表	调查哪名作业人员何时在何地进行何种作业(Who、Where、When、What)
9. 人机图	调查作业人员的作业内容与设备的运转内容之间的关系(包括联合作业)
10. 零件工序分析	调查从单个零件的原材料到加工完毕的流程(加工、检查、搬运、积压、储藏)
11. 装配工序分析	调查装配作业的装配流程(装配、检查、搬运、积压、储藏)
12. 产品分析	调查对称产品的结构、组成零件的功能、零件功能的相互关系
13. 零件分析	调查对称零件的结构、加工部位的功能
14. 功能分析	理解零件、产品的功能(起到什么作用)
15. 精确度分析	调查零件的各加工部分的实际加工精确度
16. 质量分析	调查产品、零件的质量
17. 搬运分析	调查搬运作业的5W1H
18. 积压分析	调查产品、零件、材料处于积压状态的5W1H

分析方法	概　要
19. 流程分析	调查材料、零件、产品的流程
20. 途径分析	调查加工工序以怎样的加工途径进行作业
21. 日程分析	调查作业于何时、至哪一工序结束
22. 余力分析	调查人与设备在完成任务之外剩余的能力
23. 设备分析	收集各设备的结构、功能、能力等必要信息
24. 治具分析	收集各治具、工具的必要信息
25. R-F 分析	调查现象及原因（Result-Factor）
26. P-M 分析	特别需要调查物理性原因中现象与原因的关系
27. PQ 分析	调查产品与产量的关系（Product-Quantity）
28. 负荷分析	调查人与设备的负荷现状
29. 流动数量分析	调查零件、材料的入库、出库及积压的关系
30. ABC 分析	调查产品库存等的数量和结构比例
31. 帕累托图	将各现象、各原因的数据制成图表，并调查其重点
32. 特点原因图	调查特点与原因的关系
33. 直方图	调查数据变动的基准值
34. 管理图	调查工序是否处于稳定状态，工序能够发挥出怎样的能力
35. 散布图	判断两种数据之间是否有联系

第 6 章
为了达成标准时间的绩效管理

本章内容的解说流程如图 6-1 所示。

6-1 绩效管理的效果

本章主要介绍如何使用设定的标准时间测定生产率、利用标准时间达到"理想的状态"、将生产率维持在国际标准并进行管理的方法。 该方法被称为标准时间达成率的管理,即"绩效管理"。 本章的主题是如何通过绩效管理提高生产率及进行维持、管理的方法。

在生产全球化的当代,使用国际性标准时间测定、管理、提高、维持生产率愈来愈重要。 比方说,在比较国外工厂与国内工厂时,大家是否觉得日本工资高,

绩效管理是指测定生产率，达到标准时间所反映的理想状态，将生产率提高至国际水平并进行维持管理的方法

6-2 绩效管理系统

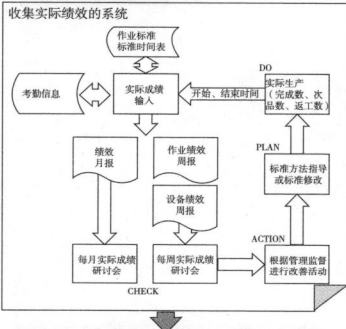

收集实际绩效的系统

6-3 根据绩效管理系统进行科学的管理

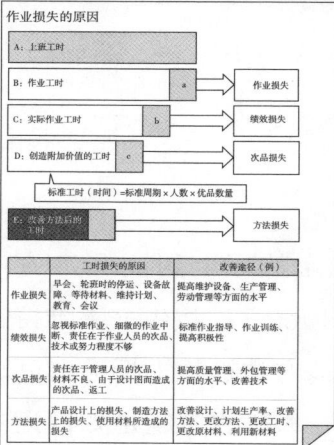

作业损失的原因

A: 上班工时

B: 作业工时 a → 作业损失

C: 实际作业工时 b → 绩效损失

D: 创造附加价值的工时 c → 次品损失

标准工时(时间)=标准周期 × 人数 × 优品数量

E: 改善方法后的工时 → 方法损失

	工时损失的原因	改善途径(例)
作业损失	早会、轮班时的停运、设备的故障、等待材料、维持计划、教育、会议	提高维护设备、生产管理、劳动管理方面的水平
绩效损失	轻视作业、细微的作业中断、责任在于作业员的改品、技术或努力程度不够	理解作业原则、作业训练、提高积极性
次品损失	责任在于管理人员的次品、材料不良、由于设计图而造成的次品、返工	提高质量管理、外包管理等方面的水平、改善技术
方法损失	产品设计上的损失、制造方法的损失、使用材料所造成的损失	改善设计、计划性生产、改善方法、更改方法、更改工时、更改原材料、利用新材料

6-4 责任在于作业人员的绩效损失

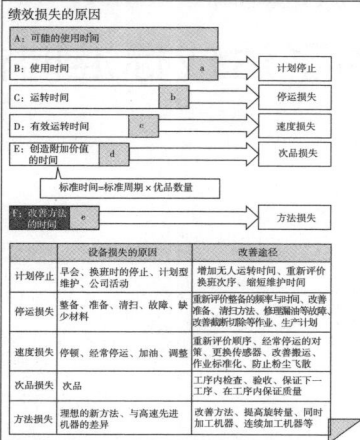

绩效损失的原因

A: 可能的使用时间

B: 使用时间 a → 计划停止

C: 运转时间 b → 停运损失

D: 有效运转时间 c → 速度损失

E: 创造附加价值的时间 d → 次品损失

标准时间=标准周期 × 优品数量

F: 改善方法后的时间 → 方法损失

	设备损失的原因	改善途径
计划停止	早会、换班时的停止、计划维护、公司活动	增加无人运转时间、重新评价换班次序、缩短维护时间
停运损失	整备、准备、清扫、故障、缺少材料	重新评价整备的频率与时间、改善准备、清扫力度、修理漏油等故障、改善截断切削等作业、生产计划
速度损失	停转、经常停运、加油、调整	重新评价顺序、经常停运的对策、更换传感器、改善履历、作业标准化、防止粉尘飞散
次品损失	次品	工序内检查、验收、保证下一工序、在工序内保证质量
方法损失	理想的新方法、与高速先进机器的差异	改善方法、提高旋转量、同时加工机器、连续加工机器等等

6-5 降低作业绩效损失的方法与步骤

提高绩效的步骤：
步骤1 教育、训练监督人员
步骤2 遵守标准作业
步骤3 提高技术的训练
步骤4 达成、维持绩效

6-6 绩效管理中监督人员的职责

监督人员的责任与基本任务

第一线监督人员的责任	基本职责
督促作业人员进行生产	遵守标准作业、操作标准、规则及计划
作业(设备)提高、维持绩效	维持、提高作业绩效(生产率、质量、交货期、安全)、适当地督促作业人员
指导、训练、提高作业人员时遵行标准作业方法	为每名作业人员提供适当的作业指导、并提高作业人员的积极性
提高、确保工时利用率	下达适当的指令防止出现空等待
处理异常情况、促进改善方案的制订及实施	找出并排除不合理之处、忽略点以及浪费因素
工厂标准化、促进整理、整顿(5S)	明示材料与库存的存放及数量、使用挂板、牌子、进度管理板等下指令
评价、培养作业人员	计划性训练、一次性评价、检定

在生产现场提高绩效

6-7 第一线监督人员的理想状态

监督人员需要遵守的四条原则：
1. 第一线监督人员必须经常在现场指导、监督作业人员。
2. 第一线监督人员必须亲自指导、监督作业人员。
3. 必须具体地进行个别指导、监督。
4. 须拥有强烈的热情与信念。

图6-1 第6章概要 为了达成标准时间的绩效管理

设备、建筑（包括土地）的折旧费也高，成本费用
比外国工厂要高得多，因此就认为日本完全没有竞
争力呢？

　　笔者奉劝大家最好对成本的差异进行实际调查。 与
中国、泰国等国家的工厂进行比较的话，相信各位可以
方便地得到各种信息。 即使设备与配置不同，标准时
间、工资、折旧费、煤电费等费用也很容易进行横向比
较，这样就能计算出每件相同产品的成本差异。 只要找
出差异就可以采取对策，而如果采取有效措施的话，日
本工厂也是有希望与其他国家进行竞争的。

　　实际上，尽管日本国内有很多不利条件，但还是有
不少企业都在努力。 其例子之一即是绩效管理。 遗憾
的是，现在很少有企业使用有效的系统来管理绩效，不
过单元式生产可谓是依靠绩效的生产方式之一。

　　这一努力表现在标准时间的达成率。 而在标准时
间的基础上管理达成率的方法即是绩效管理。"努力也
需要管理吗？"听起来有些匪夷所思，然而绩效管理
反映了发挥人力水平（**Man Power**）的灵活性，许多事
例表明，如果采取有效的绩效管理，有可能使生产率
倍增。

　　表 6-1 正是此类例子之一，它反映了正式实行绩效
管理（使用效率工资制）和无管理、放任自流的差异，
请注意两者之间的差距。

表 6-1　各管理方法的作业绩效

方　法	内　容	作业绩效	
		50	100
1　用自己的方法进行	计时付酬或计日付酬	50	
	不测量绩效	55	
2　绩效管理（计时制、日工制）	计时付酬或计日付酬	70	
	测量绩效	80	
3　绩效管理（效率工资制）	支付的薪水与绩效成比例	95	
		105	

注：支付的薪水与绩效成比例。

资料来源：引自门田武治《PAC教程》日本能率协会。

6-2　绩效管理系统

在本书第 1 章中我们已经提到过，绩效（工作效率）是指标准时间的达成率。 也就是说，将作业标准换算为时间即是标准时间，通过与每天的实际生产时间进行定量比较，可计算出实际时间与标准时间之间的差异，即绩效（达成率）。

让我们来看看图 6-2，重温一遍绩效的计算公式。

$$绩效（工作效率）= \frac{标准时间（规定的标准生产所需要的工时）}{实际时间（实际消耗的工时）}$$

$$= \frac{产出工时（生产数量×标准时间）}{实际工时}$$

$$= \frac{产出工时}{实际工时-除外工时} × \frac{实际工时-除外工时}{实际工时}$$

即

绩效　　＝　　作业绩效　　　×　　　工时利用率
（工作效率）（纯粹的作业绩效根据　　　（责任在于管理、
　　　　　作业人员的技　　　　　监督人员的利用率
　　　　　术与努力程度）　　　　　根据管理、监督
　　　　　　　　　　　　　　　　　人员的努力程度）

注：除外工时＝非作业人员的责任所造成的损失工时。

图 6-2　绩效公式

　　如果使用通用的、合理的技术标准时间，则可以在全球范围内进行绩效比较。　我们需要使用作业测定系统——绩效管理系统来定期（使用周报、月报等）汇集实际生产时间，并与标准时间进行比较。　绩效管理系统的简要情况如图 6-3 所示。

　　如今越来越多的绩效管理系统通过工厂终端等设备收集各种实际数据，以便把握作业绩效及设备绩效。

　　实际数据的内容包括对象部门（评价单位、小组）的作业人员投入了多少工时、机器使用了多长时间、完成了多少产量（工作小组）。　即时刻掌握应该在何时进行何种工作、生产多少产品、何时完成生产等数据（参照图 6-4）。　同时通过绩效公式计算各大工厂各小组的

193

作业绩效及工时利用率。

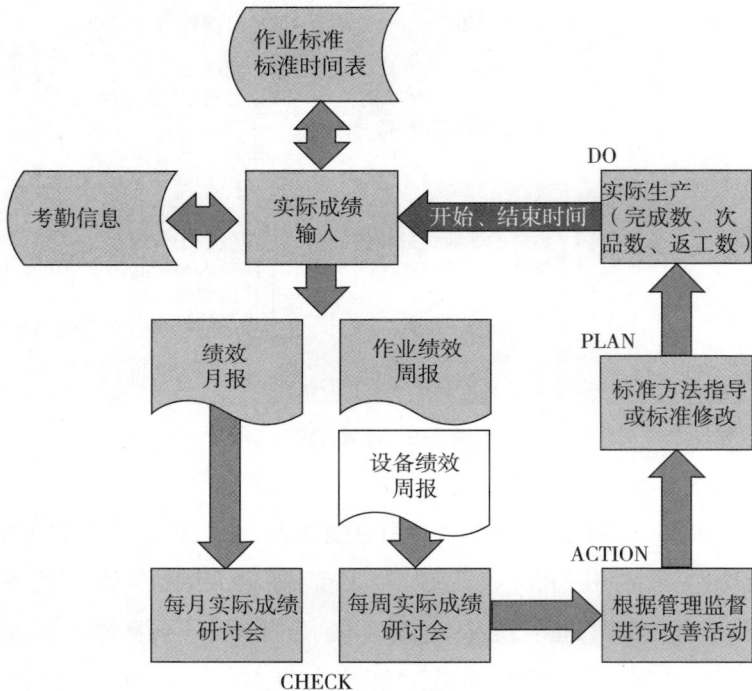

图6-3　绩效管理系统的流程

此外，同样还需总结、报告设备效率及设备运转率。

各小组的负责人（第一线监督人员及责任科长）必须清楚自己小组每周（通过绩效周报等）的绩效，并把握问题在哪，应该如何进行改善。 当实际绩效较低时，还需要重点探讨采取怎样的措施才能提高作业绩效及设备绩效，并加以实行。

194

加工

装配

检查 | 基本作业

包装

基本时间

搬运

开箱 | 辅助作业

拆卸

内容是从何时开始到何时为止进行哪一产品的哪一工序

作业时间

喝水、上厕所

疲劳恢复

组编损失

宽放时间

干扰损失

熟练、监视等

日报、报告

标准时间

报告从何时开始到何时为止，由何人进行哪部分的整备工作

基本作业

整备时间

基本时间

辅助作业

宽放时间

上班时间

等待材料

设备故障

除外时间

修理、检查

报告从何时开始到何时为止，因为何种理由让何人进行等待

会议、教育

清扫、整理

未设定标准时间

报告从何时开始到何时为止生产了何种产品，还需报告未设定标准时间

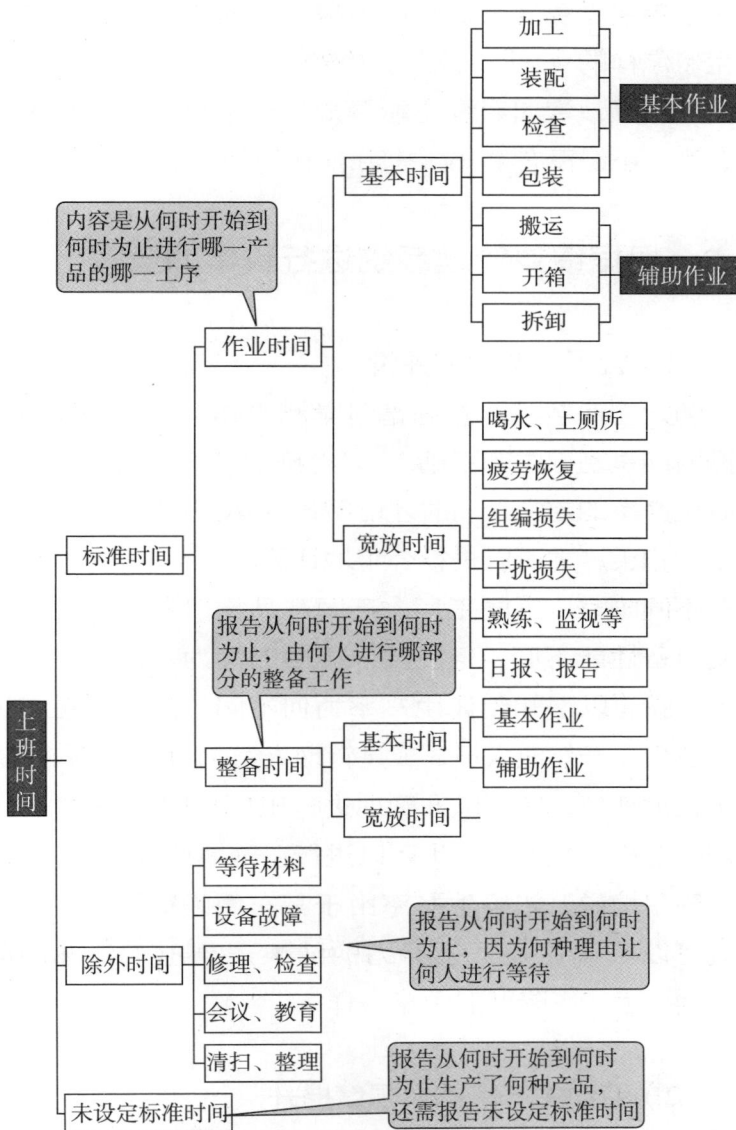

图 6-4 从现场报告上看到的标准时间内容

之后还需要通过绩效周报报告这些措施以得知绩效发生了怎样的变化。

通过绩效管理系统还能得知哪一小组遵守了标准作业、哪一小组没有遵守，并明确个人的职责。

6-3 根据绩效管理系统进行科学的管理

（1）公平、准确地评价

绩效管理系统的基础是科学测定作业，换句话说，标准时间是基础中的基础。 只有确定了标准时间，才能明确生产率的定义，同时才能明确目标及完成责任。 这样部门和工厂才可以进行公平地评价。

不同国家、不同工厂、不同产品均可使用该评价。即使设备性能不同，但只要以标准时间为基础进行绩效管理，就可以得知整体生产率为何不同（问题是在于设备，还是在于作业人员，或是管理人员），因此不仅能进行公正地评价，还可以准确地进行工厂之间的比较。 即使产品结构发生改变，也可以进行正确地评价。

简单地说，如果生产率由于某一原因得到了提高，我们可以明确这是员工努力的结果还是出于外部原因（当然，生产率降低时也是一样）。

（2）劳动生产率的大幅度提升

根据笔者的经验，如果采用高效标准的综合作业绩效，通用标准时间的达成率一般在 40% ~ 100% 之间浮动。 也就是说，如果现在的劳动生产率为 50% 的话，我们还可以期待其提高约 2 倍的水平，即 100% ~ 110%。

作业绩效损失的改善途径如图 6-5 所示，作业绩效周报的例子如图 6-6 所示。

综合设备绩效管理的实际结果因工厂而异。 比方说，炼钢、化学、食品等依靠设备的制造流水线、高额大型 NC 工作设备与挤压成形机器等的轮班时间不同，而在每班 8 小时工作时间中设备绩效在 40% 到 97% 或 98% 之间浮动。 也就是说，如果现在的设备生产率为 70% 的话，我们可以将其提高至 85% 到 95% 以上，即有可能提高 20% ~ 30%。 当然，不同的产品及不同的设备所需要的整备工作、发生故障、调整及维护内容不同，因此不能像劳动生产率一样一律以 100% 为目标。

设备绩效损失的改善途径如图 6-7 所示。

6-4 责任在于作业人员的绩效损失

一般来说，工厂每天的工作时间为早上 8 点到下午 5 点，并减去午休 1 小时，共计 8 小时。 而至于如何使用这 8 小时时间，各企业与工厂均有各自的特点。 前文中也提到过，这 8 小时时间中频繁地出现各种损失（请参照图 6-8）。

197

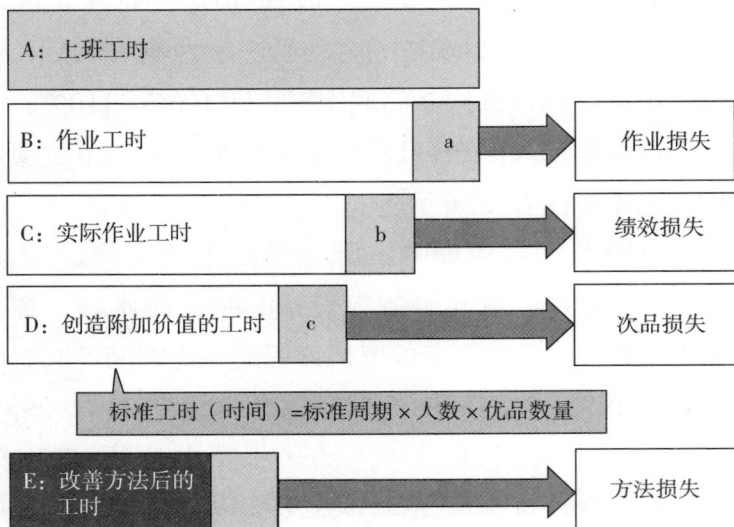

A：上班工时		
B：作业工时	a →	作业损失
C：实际作业工时	b →	绩效损失
D：创造附加价值的工时	c →	次品损失

标准工时（时间）=标准周期×人数×优品数量

E：改善方法后的工时	→	方法损失

	工时损失的原因	改善途径（例）
作业损失	早会、轮班时的停运、设备故障、等待材料、维持计划、教育、会议	提高维护设备、生产管理、劳动管理等方面的水平
绩效损失	忽视标准作业、细微的作业中断、责任在于作业人员的次品、技术或努力程度不够	标准作业指导、作业训练、提高积极性
次品损失	责任在于管理人员的次品、材料不良、由于设计图而造成的次品、返工	提高质量管理、外包管理等方面的水平、改善技术
方法损失	产品设计上的损失、制造方法上的损失、使用材料所造成的损失	改善设计、计划生产率、改善方法、更改方法、更改工时、更改原材料、利用新材料

图6-5 作业绩效的损失原因及改善途径

作业绩效周报

NM 工厂

管理单位	任编人员 人	作业天数 日	综合绩效 本周 %	上周 %	上月 %	作业绩效 本周 %	上周 %	上月 %	运转 %	推备 %	工时利用率 本周 %	上周 %	上月 %	股长 %	科长 %	厂长 %	产量工时 合计 MH	运转 MH	整备 MH	推算 MH	次品 MH	配员 MH	进度 MH	合计 MH	合计 MH	援助 MH
Y科长	141	5.167	67	69	61	77	80	68	80	61	88	86	89	93	97	98	4166	2867	986	341	702	877.1	442	6249	5828	421
1 轮班 A股长	29	5	68	62	58	72	69	63	75	57	95	90	92	97	98	100	821	606.4	215	0	76	234.6	76	1208	1160	48
B股长	26	5	58	61	52	69	69	60	73	45	84	88	87	90	98	95	636	410.7	155	70	252	128.3	80	1096	1040	56
C股长	27	6	73	74	60	94	91	68	95	89	78	81	88	87	98	92	854	563.1	189	102	88	217.3	88	1170	1296	-126
2 轮班 D股长	20	5	59	67	62	66	77	70	70	51	90	87	89	95	96	99	595	416.7	178	0	120	217.3	76	1008	800	208
E股长	21	5	78	80	75	89	94	85	90	72	88	85	88	93	96	99	776	651.1	44	81	55	107.9	56	995	840	155
F股长	18	5	64	69	57	70	80	63	78	52	91	87	90	96	95	100	512	219	205	88	101	121	66	800	723	80

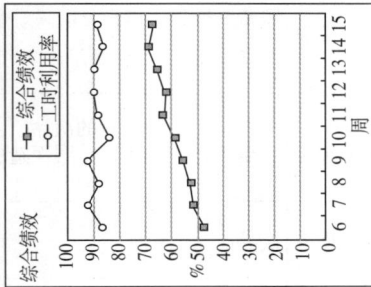

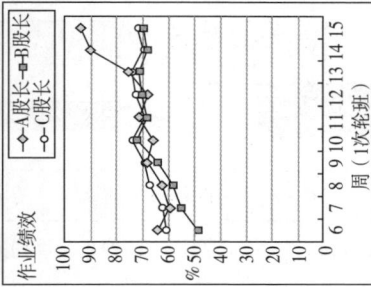

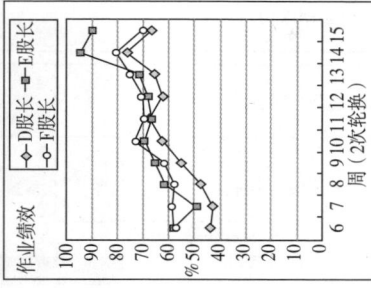

综合绩效图：综合绩效、工时利用率（周 6 7 8 9 10 11 12 13 14 15）

作业绩效图：A股长、B股长、C股长（周（1次轮班）6 7 8 9 10 11 12 13 14 15）

作业绩效图：D股长、E股长、F股长（周（2次轮换）6 7 8 9 10 11 12 13 14 15）

图6-6 作业绩效周报

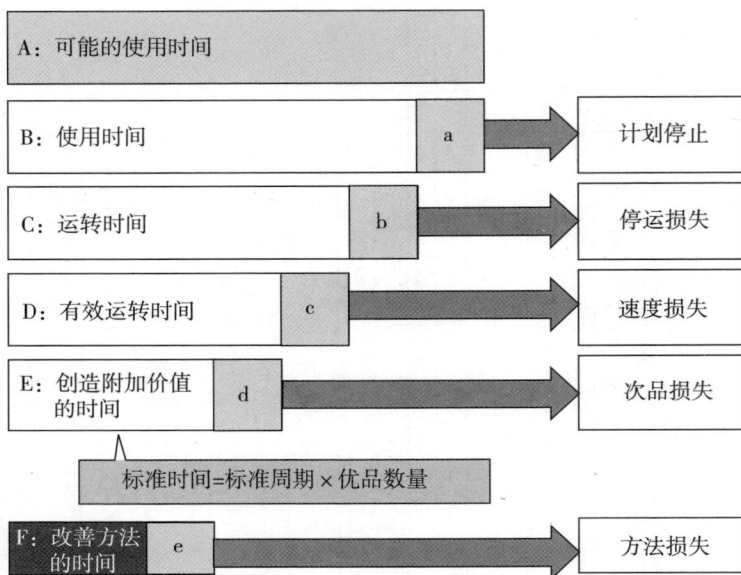

	设备损失的原因	改善途径
计划停止	早会、换班时的停止、计划型维护、公司活动	增加无人运转时间、重新评价换班次序、缩短维护时间
停运损失	整备、准备、清扫、故障、缺少材料	重新评价整备的频率与时间、改善准备、清扫方法、修理漏油等故障、改善截断切除等作业、生产计划
速度损失	停顿、经常停运、加油、调整	重新评价顺序、经常停运的对策、更换传感器、改善搬运、作业标准化、防止粉尘飞散
次品损失	次品	工序内检查、验收、保证下一工序、在工序内保证质量
方法损失	理想的新方法、与高速先进机器的差异	改善方法、提高旋转量、同时加工机器、连续加工机器等

图6-7　设备绩效损失原因及改善途径

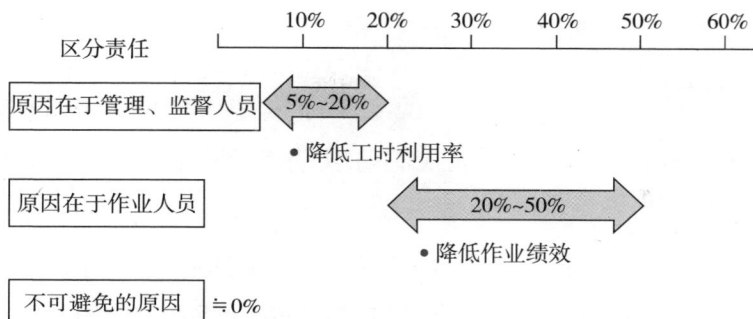

图6-8　一般企业的损失时间比例

这些损失的责任主要分为以下几种：

第一，原因在于管理、监督人员：

- 由于缺乏材料而等待
- 由于机器故障而中断作业
- 由于材料、零件不佳而废弃等等

第二，原因在于作业人员：

- 由于各种原因而出现细微的作业中断
- 由于忽视标准而造成无效作业
- 由于缺乏积极性而造成速度降低
- 由于不小心而出现次品等等

第三，不可避免的原因：

- 停电、火灾事故

- 罢工等等

从中我们可以看出，现实中原因在于作业人员的损失出乎意料地多。因此我们可以期待绩效管理带来有效的成果。

比方说，如果早上 8 点开始工作的话，首先召开早会，然后流水线开始运转。有时需要让提前上班的负责人事先启动一些设备，使其在开始工作的时候可以达到正常使用温度。在早会上确认昨天的产量、次品量以及今天的生产计划及出勤情况，并转达必要事项，之后所有人回到自己的岗位开始一天的工作，输送带等设备也开始运转起来。

在正常的上班时间中，责任不在作业人员的空余时间（又称为无作业时间或"除外工时"）包括早会、等待材料、机器故障、会议、教育等造成的中断时间。作业人员在除此以外的时间内依照规定的作业方法及制造方法努力提高生产率意味着提高责任在于作业人员的绩效——提高"作业绩效"。

提高作业绩效对整体生产率有着不容小窥的影响。标准时间采用的是平均值，因此不少作业人员的绩效可以达到 100% 以上，而拥有平均经验的作业人员也可以维持在 100% 左右。然而正如前文中所提到的一样，一些缺乏合理的绩效管理的企业的平均绩效甚至低至 50%～

60%。 该数据意味着怎样的结果呢？

作业绩效过低的主要原因如下所示。

第一，细微的作业停止及空闲时间：

- 常在开始作业及接近作业结束时、午休前后以及更换工作内容时出现。
- 稍微整理一下周围环境或去厕所等造成作业中断
- 工作开始后或结束前的整理、清扫、等待整备
- 过于细致的作业及过度作业造成暂时停止
- 作业时间内的谈笑、随意离席

第二，作业速度、技术、努力：

- 动作的有效性（每个人对作业的适应度及熟练度）
- 动作不够准确
- 动作配合中出现的损失
- 不擅长同时使用多种身体部位
- 动作过慢（主要是作业时的努力程度和积极性的问题）
- 刚开始时突然用力过度
- 停止时突然用力过度
- 路径过长且复杂（不是直线）
- 整体过于懒散（不够麻利）

通过绩效管理我们可以发现，同一个人在不同的时

203

间、不同的日期的速度可以达到50%的差距。 此外，同样的作业也有个人差异，绩效最高者与最低者有时候甚至会有两倍的差距。 速度非常快与速度非常慢的人只占整体的极少部分，然而这种差异并不少见。

第三，忽视标准作业方法。

在满足设备、材料、质量、安全等各项条件的同时，我们需要选择现阶段生产率最高的方法作为标准作业方法。 但作业人员不一定遵守该方法，如果忽视了标准作业，绩效就会降低。

具体包括以下原因：

- 旋转数或运转速度比标准要慢
- 往设备里放入的零件数量比规定的要少
- 加热、干燥时间比标准要长
- 从启动设备到正常运转为止的时间比标准要长
- 实际配置人员不足
- 配置人员比标准要多
- 设备台数比标准要少
- 不遵守规定的作业顺序
- 效率不高的动作及不经济的作业方法（姿势、作业台高度、节奏、非同时动作）
- 工具、治具、环境不完备（照明、噪音等）、零件及治具的配置未经调节

- 标准以外的作业（整理、返工、修理、调整等）

第四，责任在于作业人员的次品：

- 由于不小心、错漏、重新作业等而产生次品
- 由于忽视标准方法而出现次品
- 由于技术水平不足而出现次品
- 发现次品时缓慢的修正动作

图 6-9 表示的是通过绩效管理解决此类问题，同时提高绩效的一例。

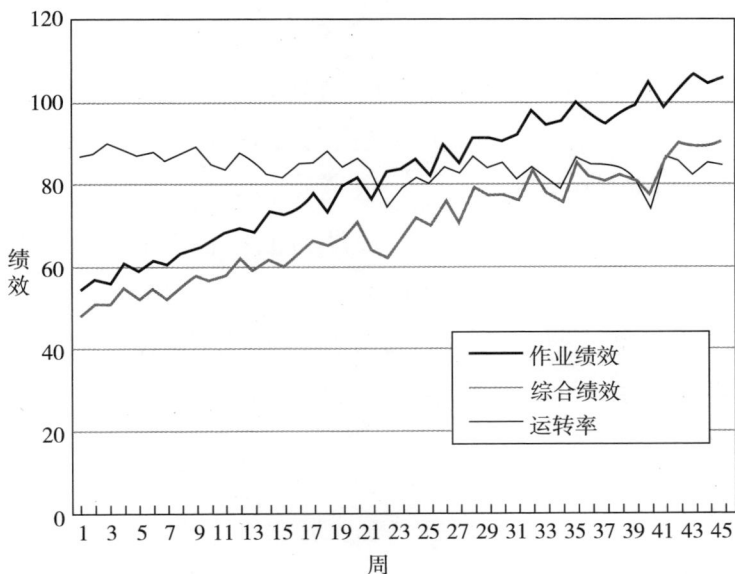

图 6-9 作业绩效推移图表

6-5 降低作业绩效损失的方法与步骤

笔者再三强调，提高作业绩效的前提是作业人员遵守标准作业方法。 其中最重要的是：

- 根据标准作业方法进行作业的能力（该能力也可以用技能来表示）
- 依照标准进行作业的意志及努力

特别是责任在于作业人员的次品的发生率及作业速度与作业人员自身的注意力和努力程度息息相关。

一般来说，只要作业人员正确地理解标准作业方法并进行适当的训练，所有人都能100%地达到高效的标准时间。 有些经验丰富的老作业人员每周均可以轻松达到120%~130%的绩效。

然而新员工与老员工在技能方面存在差异。 无论如何努力，这一差异都会反映在产量与质量方面。

比方说，根据员工的技能或熟练度，有时会出现一些无法用标准来说明的微妙差异。 让我们来看看以下的例子：

- 知道按照设计图进行加工或装配会很困难。
- 设计图上没有提示，但可以根据经验进行作业。
- 拥有合适的道具与工具，知道发生问题时的修复方法。

● 了解材料和机器的特点。

● 可以从过去的经验得知各种现象的范围与对策，并能妥善处理。

● 由于已经熟悉作业，所以很少需要与人商量或是看设计图。

这些可谓是工作的窍门，通常情况下，与员工是否理解作业相关。 因此我们不能单纯地认为新员工的绩效低，而是应该将如何正确使用工具等标准方法作为工作的重点教给新员工，通过短期的训练达到 100% 的作业绩效也并非不可能之事（请参照图 6-10）。 实际上，笔者曾经目睹过不少新员工短期内熟习作业的事例。

在此总结一下上面所述的降低绩效损失的步骤：

步骤 1　教育、训练监督人员

首先，我们需要让推进绩效管理的监督人员充分掌握帮助部下正确报告成绩的方法及管理报告的阅读方法。 此外，通过严格遵守工厂规定及作业规章（比方说上班、下班时间、戴安全帽、戴防静电手腕带等等），加强监督人员的指导能力。 刚开始时的作业绩效一般为 50%~70% 左右，因此在现场应该可以看到不少损失现象。 监督人员需要逐渐理解损失与绩效之间的关系，并亲自采取一系列措施来降低损失。 教育、训练的内容总结如下：

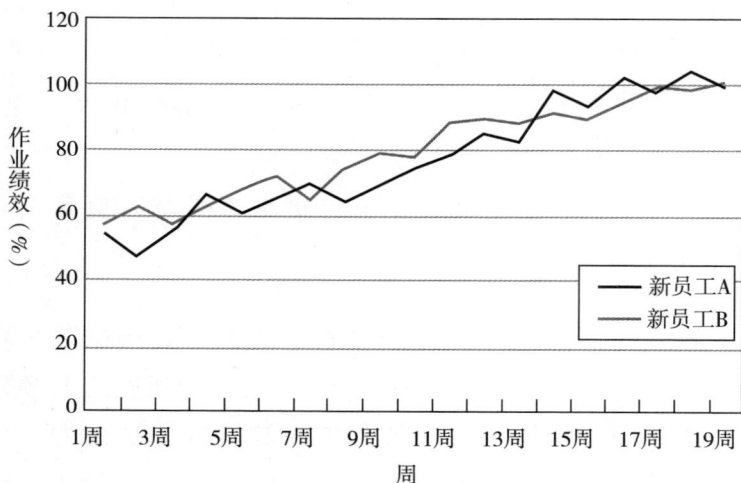

图 6-10　新员工作业绩效 (装配作业)

- 实际成绩报告与绩效成绩报告的准确阅读方法
- 了解实际成绩的差异及如何降低报告差错
- 遵守工厂作业规定及作业规章
- 排除已发现的损失

步骤 2　遵守标准作业

只要正确遵守标准作业，就应该可以达到 100% 的高效绩效，因此我们需要着眼于作业绩效低的作业人员及小组，发现其作业与标准方法之间的差异（比方说比标准走更多步、使用单手分别进行本需要用双手同时进行的作业、重新握取物件等等），并使其改正。重点需要

208

指导新员工及不熟练的员工。

- 确认实际作业与标准作业方法的差异
- 对不熟练的作业人员、忽视标准的作业人员进行重点性指导
- 确立标准作业方法、认识标准速度

步骤3 提高技术的训练

当作业人员基本上能掌握各自负责的工序，并达到100%的绩效后，我们需要评价其技术水平，并重点训练前后工序，使作业人员在前后工序中相互帮助，以便提高小组的作业绩效。

- 技术评价、训练拥有多种能力的工人
- 计划训练、自主训练
- 遵守标准绩效

步骤4 达成、维持绩效

作业绩效不可能永无止境地增长。 如果平均绩效达到110%到120%的话，就能算是高效标准中的最高水准了。 如果达到了这一绩效水平，我们就应该将重点放在绩效的维持管理及提高工时利用率等方面。 此外还需要请求技术部门及生产计划部门等其他部门的支援，让他们在难以完成的作业、频繁的整备及计划变更等方面作出改善，促进工时利用率的提高。 此外，还需要重复修

改标准方法·标准时间、实施作业、测定绩效、改善标
准方法的 PDCA 循环。

- 提高工时利用率
- 有效利用技术部门、计划部门的支援
- 重新评价、维护管理标准时间

图 6-11 是根据各绩效制定的促进提高活动内容，请
参考。

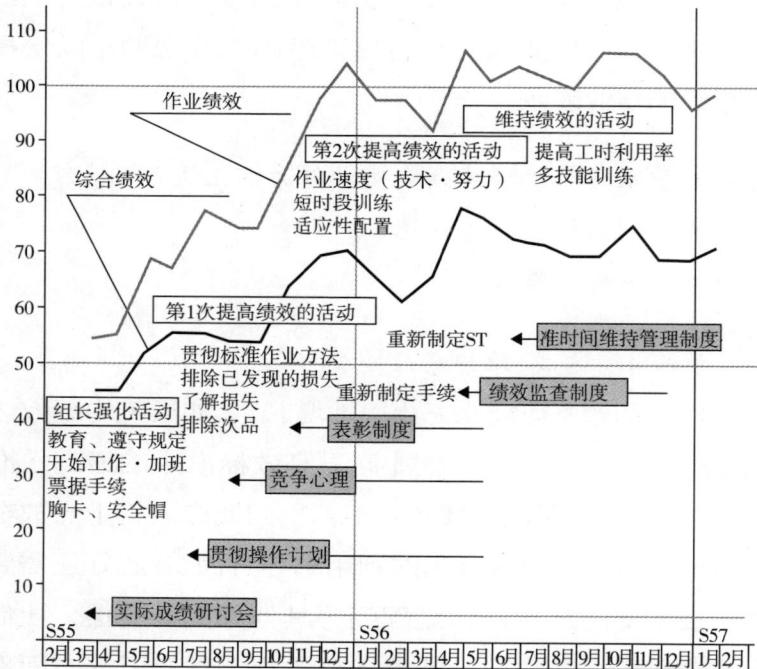

图 6-11 提高绩效的步骤

210

6-6　绩效管理中监督人员的职责

想要提高绩效，每名作业人员的技能及努力程度固然十分重要，然而第一线监督人员的职责更为关键。　只有通过监督人员的努力，才能让作业人员发挥出 100% 的能力，可以说绩效管理的成果是由第一线监督人员决定的。　特别是拥有几十人、几百人的工厂想要将整体平均绩效提高至国际水准，并进行有效地维持管理的话，第一线监督人员的指导能力尤为重要。

此外，监督人员的职责还包括保证计划产量与质量以及推进降低成本这两项基本工作。　同时还需要督促作业人员完成任务。

也就是说，在保证质与量的同时，还需要尽量减少投入的人力与设备，每周的绩效周报都会反映这一严酷的活动的结果。

在日本，很难感受到这一活动的严酷性，然而在欧美企业这是理所当然的事情。　站在全球性角度来看，一般通过部下员工的绩效来评价第一线监督人员的成绩。日本的现场管理大多追求的是团队的和睦，私以为尚不够严格。

第一线监督人员的主要责任及基本职责如表 6-2 所示。

表 6-2　第一线监督人员的责任与职责

第一线监督人员的责任	基 本 职 责
督促作业人员进行生产	遵守标准作业、操作标准、规则及计划
作业(设备) 提高、维持绩效	提高、维持作业绩效(生产率、质量、交货期、安全)。适当地安排作业人员。
指导、训练、监督、支援作业人员履行标准作业方法	为每名作业人员提供适当的作业方法指导,并提高作业人员的积极性
提高、维持工时利用率	下达适当的指令防止出现空等待
处理异常情况、促进改善方案的制订及实施	找出并排除不合理之处、忽略点以及浪费因素
工厂标准化、促进整理、整顿(5S)	明示材料与库存的存放处及数量使用看板、牌子、进度管理板等下指令
评价、培养作业人员	计划性训练、一次性评价、核定

　　监督人员的具体管理对象如表 6-3 所示。 其中包括安排作业人员、分配工作、指导作业方法、确认实际成绩、保证质量、生产计划、变更、设备、安全、库存、半成品、整备工作等等, 这样事务看上去就算有三头六臂也都顾不过来, 然而关键是将各事项标准化, 找出不符合标准的事项并进行重点管理(有时还需要进行例外管理), 这样才能减轻工作负担。

　　作业方面的标准化是指设定标准作业并督促员工遵守, 材料、半成品、库存的标准化是指明确仓库及数量, 指示方面的标准化则需要使用看板和牌子等等。 整理整顿(5S)也是标准化领域的活动。 设备及安全方面则需要让员工遵守操作、检查标准及安全标准。 只要制定一系列规定，监督下属的作业人员依照规定去做，就可以提高监督人员的工作效率。

表 6-3　第一线监督人员的管理对象及具体活动

监督人员的管理对象	具 体 活 动
作业人员	安排作业人员、分配工作、指导计划、确认实际成绩、标准作业方法的指导及教育、确认绩效、反馈
设备	标准条件、检查、确认维护状况、确认绩效、反馈
材料	确认库存、半成品、现货量、委托筹备工作
质量	标准条件、确认质量状况、管理图、确认绩效、反馈
生产计划	看板、更改指示、确认进度、确认优先次序、指示
安全	指导安全标准、教育、确认现状、反馈
成本	维持、提高、改善、实行以上各项目的绩效

6-7　第一线监督人员的理想状态

　　作业绩效管理并非控制（Control）物体或机器之类的非生物物体，而是管理（Management）拥有意志与感情的人类。 有些企业让缺乏工作热情、懒惰的作业人员变成朝着目标努力工作的、勤奋的作业人员，从而飞跃般地提高了生产率。 这也是笔者曾经目睹过的事例。

为改变作业人员起到重要作用的正是与作业人员密切接触的第一线监督人员。

出于以上经验，笔者将第一线监督人员的理想状态总结如下：

首先，第一线监督人员必须经常在现场指导、监督作业人员。

- 视线时刻不离开作业人员。
- 尽量不要离开负责的作业现场。
- 加聘人手或增加事务人员，让监督人员不用处理杂事（与其根据数据修正结果，不如努力让结果与数据都更佳）。

其次，第一线监督人员必须亲自指导、监督作业人员，不能将责任都推给小组长。

第三，必须具体地进行个别指导、监督。

- 不要把作业人员视成团队的一员，而应该将其视为拥有独立个性的人。
- 每名作业人员的想法与技术都不尽相同，作业方法及作业态度也存在着区别。而且作业人员难以理解抽象的指导，因此必须采取具体的指示或指导（指出现在该员工必须如何去完成哪一事项）。

第四，必须拥有强烈的热情与信念。

214

- 信念比技术或经验之类的因素更能鼓舞人。

- 与每名作业人员直接相关的职位中需要给予作业
人员较大的权限（指定加班及休息日出勤、支援其他工
厂或决定调配人员、批准带薪休假、分配作业等）。

培养第一线监督人员时，首先需要充实以下环境，
以方便其展开工作：

- 组织（可以迅速报告、采取措施的简单组织。只
需要一名领导）。

- 下属人数（可以给予直接个别指导、监督的人数
为 20~30 人）。

- 与直属上司的关系（1 名科长负责 5~10 名监督人
员）。

- 与小组长的关系（选 1 名作业人员为小组长）。

- 人选（最好不要根据技术水平，而是根据统率力、
执行力、待人处事的能力及指导能力等方面来挑选）。

- 职务内容与权限（不要让其处理杂事。单纯的事务
性工作或数据整理工作由其他部门进行，必须明确权限）。

第一线监督人员在组织中的典型定位如图 6-12 所
示。最近也有一些工厂开始重视第一线监督人员的职
责，并加强了其权限，使组织结构更加平稳。

（本节参考了门田武治著《PAC 教程》 日本能率协
会）

215

拥有装配流水线的工厂例

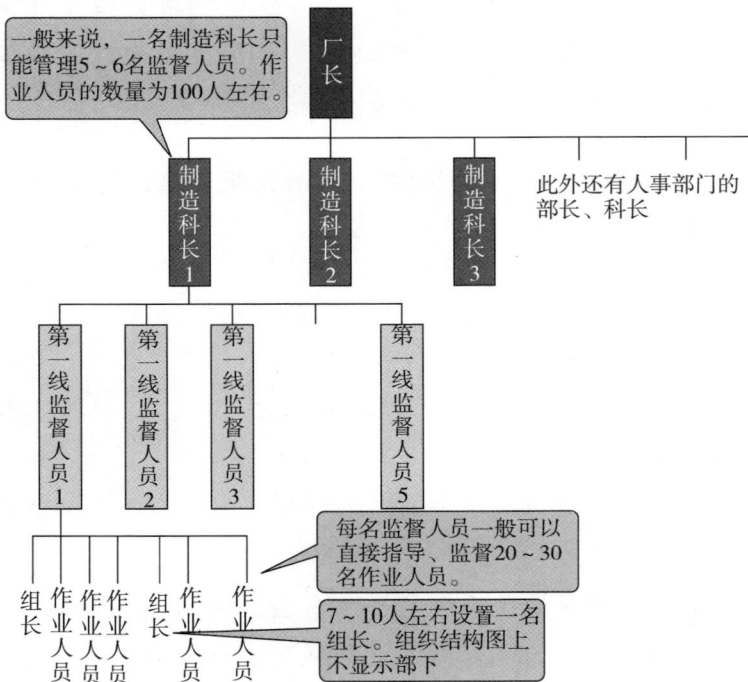

一般来说，一名制造科长只能管理5~6名监督人员。作业人员的数量为100人左右。

厂长

制造科长1

制造科长2

制造科长3

此外还有人事部门的部长、科长

第一线监督人员1

第一线监督人员2

第一线监督人员3

第一线监督人员5

组长

作业人员

作业人员

作业人员

组长

作业人员

作业人员

每名监督人员一般可以直接指导、监督20~30名作业人员。

7~10人左右设置一名组长。组织结构图上不显示部下

图6-12　工厂流水线组织

第 7 章
通过标准时间维持、提高生产率的方法

本章内容的解说流程如图 7-1 所示。

7-1 项目编组

前章提到了绩效管理及工厂中第一线监督人员的重要性。 然而，决定标准作业方法、设定标准时间、使用绩效管理系统培养监督人员并提高生产率的活动原本是生产技术（IE）部门的主要任务。 如果该任务没有得到充分地完成，有时我们还需要通过正式改善项目来重新评价标准作业和标准时间等等，以求在短时间内大幅度地提高生产率。

通过此类项目活动，本章主要介绍在缩短、完成、提高、维持标准时间之际的步骤及活动内容。

7-1 项目编组

内容/月	1	2	3	4	5	6	7	8	9	10	11	12

成立推进委员会
选定负责人
选定成员
★开始改革项目

重新评价、改善标准方法 （以各小组20～30名
SHIPS-ME适用于25名
×2次轮班×3小组
3次×450名）

1次对象策划　1次对象实行

改善方案发表会

改善方案实行　1次对象实行　改善方案发表会

重新评价、修订标准方法
分别从各小组中
选择一名成员负
责修订标准时间

通过作业标准和
绩效标准降低
绩效周绩效损失

制作标准时间　设定、修改标准时间

根据标准时间进行管理、挑战

每月约召开一次，
报告项目进度、课
题、今后的计划，
得到推进委员会的
选择成员

计划性地准备各改善
所需要的冶具及更
新、制作体制、
设备、生产技术等

重新评价绩效管理

提高绩效活动

开始绩效管理

推进委员会☆
改善执行会议（1/2周）

7-2 重新评价、改善标准方法

制作改善对象工厂（模块）一览表、
选择第1次对象工厂

重新评价1次对象工厂的作业方法、提出改善方案

步骤1.为现在的作业方法建模

步骤2.新作业方法的基本设计

步骤3.新作业方法的详细设计

步骤4.总结新作业方法

改善方案发表会

1次对象执行、跟踪新作业方法

在执行委员会议中制订改善实施计划

实施改善工程

实施说明会

在职培训

在人才应用委员会议中制作人员计划

执行再培训等剩余人员对策

2次对象策划　2次对象执行、跟踪

3次对象策划　3次对象执行、跟踪

4次对象策划　4次对象执行、跟踪

每周召开1次
执行委员会议

每月召开1次
人才应用委员会议

7-3 重新评价、修改标准时间

设定、修改标准时间、监督委托书

定期监查

选择、设定、修改监查对象

选择、设定、修改监查对象

选择绩效高低的单位

比较标准化的方法与现在的作业方法，并确认其差异

整理比较、确认结果

修改、制作监查书、评价标准是否正确

修改、报告监查结果

修改标准时间

系统应用指导

7-5 高绩效安定期的活动

XX工厂　新　年　月　日　页

作业指导书

No.	作业内容	质量		实际时间	周期

1 将10台装配完毕的机身取出并放置在作业台上。

2 左右两3～4片螺栓、拿手柄身份。

3 检查螺丝是否有问题、并用右手安装3件机身（3线）。

4 用右手取身、安装至压床下方的治具中。

5 取轴端、安装至压床上。

6 双手按下按钮开关。

7 将完成的成品从吸附中取出、确认外观。

8 将完成的成品码放入品盒中、共放置4层。

9 放入5个成品后装上整料、其放置4层。

10 批量试验12个成品后、整入成品堆。

7-4 根据标准时间管理、提高绩效

提高绩效的步骤	课题	活动
步骤1 训练第一线监督人员	1）正确地报告	作业人员自己报告产量
	2）遵守工厂规定	遵守上班、下班、休息时间
	3）整顿作业条件	监督员的指导、指令 整理作业区域的配置 整理、整顿作业现场
	4）理解作业绩效的差异	理解各作业的不同绩效 绩效低的作业人员的原因 绩效高的作业人员的原因
步骤2 遵守标准方法	1）遵守标准方法	理解标准方法 确认标准作业与实际作业的区别 整备机器及治具、确认操作条件 等待机器运转时 非效率性动作（姿势、作业台高度、同时动作）
	2）训练技术水平低的作业人员	确认无法达标准进行作业的原因 确认个人的差距 按照适应性进行部署 以高技术水平者为榜样、进行作业训练
	3）挑战作业速度	确认作业节奏 设定为可达成个人目标 评价训练 排除、改善困难的动作和需要调整的动作
步骤3 提高技术的训练	1）绩效的自主管理	为了让员工理解标准时间及绩效的教育 理解绩效管理 评价训练 参观绩效工厂
	2）降低绩效水平的差距	确认作业人员之间的差距 训练掌握多种技能的员工
步骤4 维持高绩效及高运转率	1）发行月报 2）得到相关部门的协助进行改善 3）提高工时利用率、设备运转率 4）监查、维持、管理标准时间 5）改善、推进标准时间	与其他工厂、其他部门交流意见 请其参加每周成绩评论会 磋商相关对策、改善方案

图7-1　第7章概要　通过标准时间维持、提高生产率的方法

218

图 7-2 反映的是在韩国及中国紧追不放的激烈竞争下，某家大型生活家电量产工厂每人每小时的生产台数——生产率的推移情况，这是笔者曾经参加过的一项改善、革新项目，仅供读者参考。

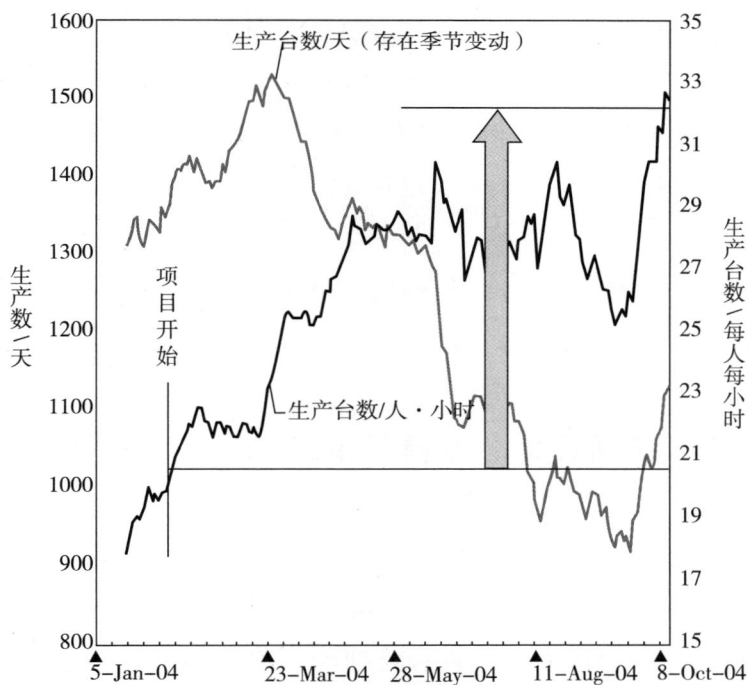

图 7-2　某生活家电装配工厂的生产率推移图

在该例中，工厂首先成立了公司干部参与在内的改善、革新推进委员会。 该委员会的目标是"大幅度地提高生产率"。

219

首先是挑选项目领导。 该例中的领导是生产技术部门的科长。 一般来说，项目领导是在对象工厂拥有丰富的经验、并深受众人信任的中坚技术人员。 最理想的情况是专职，不过有时也可以兼任。

项目成员通常约占对象人员的 2%。 比方说，如果直接对象为 500 人的话，可以选约 10 人为专职成员。将其分为至少有 3~4 人组成的小组，各小组在不同的生产线或工作环境中同时开展工作，重新评估或改进标准方法及标准时间，并依据标准时间依次推进生产率的管理。

活动内容概要与日程如图 7-3 所示，如果项目的对象为整个工厂的话，最少也需要 1 年以上的时间。

7-2　重新评价、改善标准方法

想要最终通过标准时间的管理来提高生产率，首先需要重新评价标准时间。 如果现在使用的标准时间足以维持、管理作业的话则另当别论，然而事实上大多数工厂并没有将设计更改及设备变更等因素考虑在内，所以标准时间的可信度并不高。

标准时间是标准作业方法在时间上的反映，因此首先需要确认、确立标准方法，并对标准时间进行监督检查。

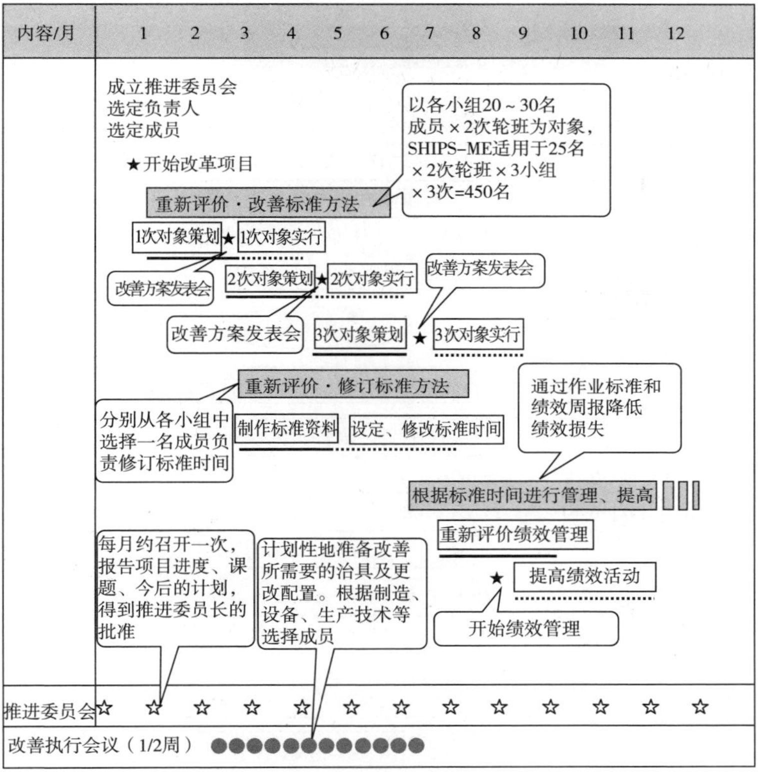

图7-3 改善项目推进计划

在此通过本书第 4 章中介绍过的缩短标准时间的方法——SHIPS 来进行解说。 SHIPS 需要再次确认现状、重新评价改善标准方法、再次制订作业标准、再次确认标准时间，在此可以利用该步骤。

图 7-4 表示的是通过推进项目活动，重新评价、改善标准作业的流程。

221

制作改善对象工厂（模块）一览表，
选择第1次对象工厂

重新评价1次对象工厂的作业方法、提出改善方案

步骤1　为现在的作业方法建模

步骤2　新作业方法的基本设计

步骤3　新作业方法的详细设计

步骤4　总结新作业方法

该步骤与图4-2的
SHIPS方法工程学的
步骤类似

改善方案发表会

1次对象执行、跟踪新作业方法

在执行委员会议中制订改善实施计划

实施改善工程

实施说明会

新方法的在职培训

每周召开1次
执行委员会议

在人才应用委员会议中制作人员计划

执行再培训等剩余人员对策

每月召开1次
人才应用委员会议

2次对象策划　　2次对象执行、跟踪

3次对象策划　　3次对象执行、跟踪

4次对象策划　　4次对象执行、跟踪

如果有需要的话针对
2次对象、3次对象
开展活动，重新评价
适用于整个工厂的方法。

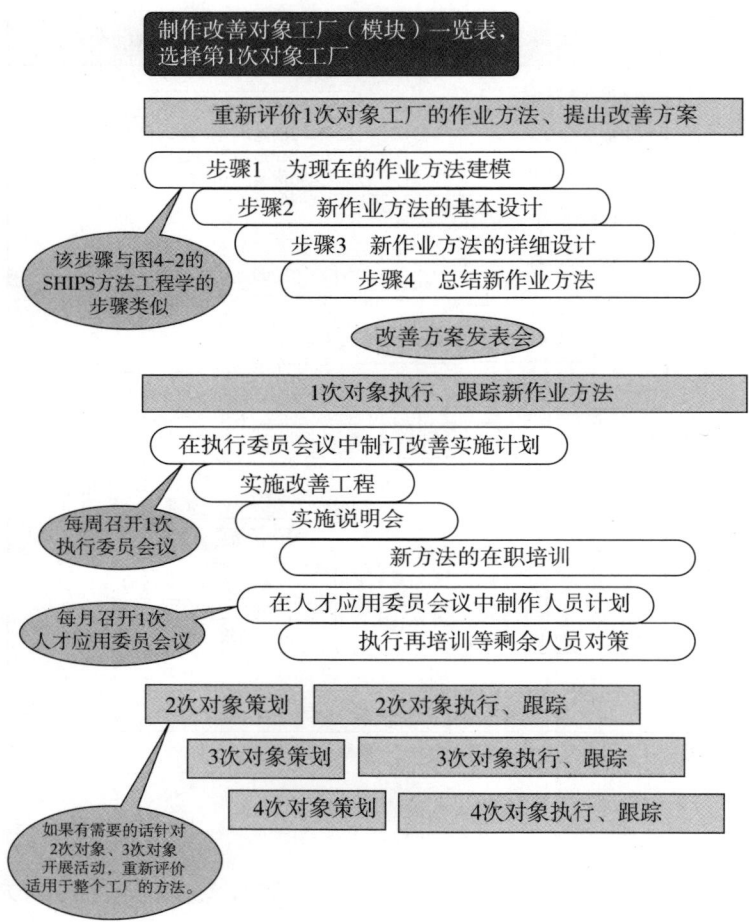

图7-4　重新评价、改善标准方法的流程

　　为了重新评价、改善标准方法，我们首先可以利用
对象工厂的整体配置图，将各工厂的区划及部署人员简
易地列出来。然后需要明确改善对象——模块的区别。

接着制作各模块的对象人员及设备的一览表，并决定优先次序，看从哪一模块着手，改善将更加容易、改善效果更佳。 在此提一个大概的标准，改善模块的对象成员最好为每班 10~15 人。 只要 3~4 名改善小组成员忠实地依照 SHIPS 的步骤对每个模块进行探讨的话，一般来说 1~2 个月就能结束讨论。

7-3　重新评价、修改标准时间

我们需要从执行重新评价、改善标准方法的小组成员中选出 1 人或 2 人，在标准作业方法的重新评价工作结束后，依次重新评价、修改各模块的标准时间。 其他成员继续进行下一模块标准方法的重新评价及改善。

事先准备预评价表等标准时间资料的话较为方便，但如果此类资料没有得到合适的更新管理的话，我们在使用之前需要修改陈旧的部分。 如果有必要的话，还可以使用 MOST 等新 PTS 方法或制作标准时间资料来减少设定标准时间的工时。

如果可以汇总对象模块生产的所有产品的标准时间及标准成员的话那么是不会有问题发生的。 然而对于刚刚生产出来的产品及新产品，或者设计要能有变更的产品，在报告生产现场实际情况时可以将此类产品视为

223

"未设定标准时间"（也就是说，有时并不设定标准时间）。 标准时间的设定率在 60%～70% 之间就可以进行绩效管理，因此我们在依次重新评价各模块的标准方法后，再设定模块产品的标准时间。

在重新评价、改善整个工厂的对象模块的标准作业基本结束，同时整体设定、修改了 50%～60% 的标准时间后，我们需要整理标准时间一览表，并将其存入管理生产成绩用的数据库中。

图 7-5 反映了重新评价、修改标准时间的流程。

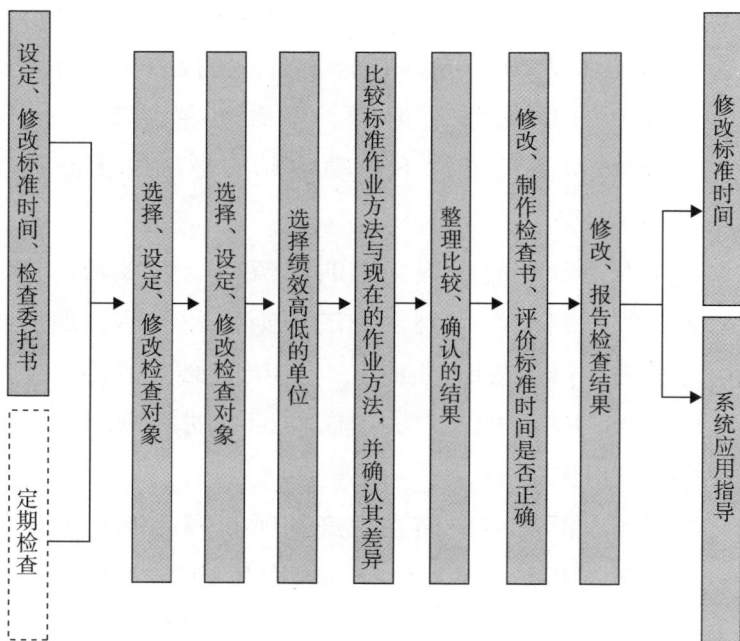

图 7-5　重新评价、修改标准时间的流程

224

一般来说，应用标准时间时最好保证 90% 以上的标准时间设定率。

重新评价、改善标准作业的小组接着需要准备根据标准时间来管理提高绩效。

7-4　根据标准时间管理、提高绩效

重新评价、修改标准方法结束后，通常各对象模块的标准定员会减少 20%～30%。 此时需要考虑第一线监督人员的下属人数，并将现场组织重新编组。 因为下属人数过多的话，监督人员难以顾及到每个人的工作，而人数过少的话监督人员可能会处理一些杂务，容易疏忽原本的职责。

根据标准时间管理，提高绩效的活动需要在整个工厂实施，而不仅仅是个别部门。 正如在本书第 6 章中所阐述的一样，根据标准时间管理，提高绩效的关键人物是第一线监督人员，因此首先需要准备绩效周报（包括质量周报在内），从教育监督人员进行绩效管理开始展开活动。

为了让工厂以监督人员为中心，监督人员的办公桌也需要放置于现场中心，同时还需要整理周围的环境，比如说在现场放置作业指示（进度管理）板等等。

在该阶段，教授作业人员如何执行实际业绩报告的

手续也很重要。

每周发行绩效周报后，由制造科长主持召开各科的实际绩效讨论会。 参加者包括主持人科长及其下属——第一线监督人员。 同时项目成员也需要决定各科的负责人，并派两三名成员作为旁听者参加会议，这样可以针对绩效的问题点及对策方面提出建议。 而当质量或设备出现问题时，可以让相关员工或科长参与讨论。

周报中作业绩效的数值是上周生产活动的结果，也是监督人员基本工作的结果。 提高该数值的直接方法包括：

- 作业人员的努力和积极性
- 作业人员的技能

同时，监督人员对作业人员时时刻刻的适当指导、推动及激励也会很大地左右绩效。

表 7-1 表示的是在各步骤中提高作业绩效的活动事例。 表 7-2 表示的是推进提高绩效的活动之际监督人员每天的工作内容，敬请参考。

前章中的图 6-11 表示了根据绩效变化及提高水平制定的促进提高活动内容，读者可以对照参阅。

根据标准时间管理、提高绩效的注意点如下所示：

第一，根据正确的标准时间测定准确的绩效。

——事先改善标准方法，并明确标准方法。

表 7-1 提高作业绩效的活动(例)

提高绩效的步骤	课 题	活 动
步骤1 训练第一线监督 人员	1)正确地报告 2)遵守工厂规定 3)整顿作业条件 4)理解作业绩效的 差异	作业人员自己报告产量 遵守上班、下班、休息时间 监督人员的指导、指令 整理作业区域的配置 整理、整顿作业场所 理解各作业人员的不同绩效 绩效低的作业人员的原因 绩效高的作业人员的原因
步骤2 遵守标准方法	1)遵守标准方法 2)训练技术水平低 的作业人员 3)挑战标准速度	理解标准方法 确认标准作业与实际作业的区别 整备机器及治具、确认标准条件 等待机器运转时间 非效率性动作(姿势、作业台高度、同时动作) 确认无法按标准进行作业的原因 确认个人的绩效 确认个人的技术熟练与否 按照适应性进行部署 以高技术水平者为榜样,进行作业训练 确认作业节奏 设定与达成个人目标 评价训练 排除、改善困难的动作或需要调整的动作
步骤3 提高技术的训练	1)绩效的自主管理 2)降低绩效水平的 差距	为了让员工理解标准时间及绩效的教育 理解绩效管理 评价训练 参观高绩效工厂 确认作业人员之间的差距 训练掌握多种技能的员工
步骤4 维持高绩效及高 运转率	1)发行月报 2)得到相关部门的 协助进行改善 3)提高工时利用 率、设备运转率 4)监查、维持、管理 标准时间 5)改善、推进标准 时间	与其他工厂、其他部门交流意见 请其参加每周成绩讨论会 磋商相关对策、改善方案

227

表 7-2　为了达到作业绩效 100%的监督人员工作

时间划分	实　施　项　目	管理项目
管理项目	通知报告（OCR）卡上的错误数量并进行指导 纪律指导（戴防静电手腕带）、开工指导	每天
最早	确认开始工作（秒表）	3分以内
作业时间中	• 确认停转、频繁停运带来的损失 　寻找物料、站起来走动、离席、闲聊	5%以下
	• 减少不产生附加价值的作业 　搬运、整备、修正等	
	• 作业训练——贯彻作业指示及听取报告 　PDCA——设定目标、确认实际时间 　　确认实际时间 　　确认产量　　　} 听取报告 　　确认绩效 　　　→ 时间观测 → 个人作业 　　　　　　　　确认与ST的差距 　　　　　　　　整备作业区域 　　　　　　　　整理治具 　　　　　　　　减少不需要的动作 　　　　　→ 流水线作业 　　　　　　把握瓶颈工序 　　　　　　更改作业分配部分 　　　　　　降低变化幅度	
	再次贯彻OCR卡的规则、确认填写错误 与作业人员进行沟通	1次以上/日
工作结束时	确认并填写今天的绩效值 确认明天的准备、所需整备的零件、治具、副材料 公平地分配人员、工作（准备作业训练卡）	每天

　　——废除不正确的标准时间，在执行绩效管理时重新设定。

　　——在变更、改善作业方法时设定新的标准时间。

　　——不拘泥于准备时间与制造数量之间的比例关系，单独设定标准时间，将其作为产量工时进行评价。

　　——不应放大宽放率（尽量排除、报告、改善延迟宽放、作业宽放等）。

——正确把握损失（除外）工时。

——正确把握次品返工的工时，并报告给负责的监督人员。

——为以下场合的计算制定规则。

＊没设定标准时间。

＊根据生产计划增减周期或机器台数。

＊部门间的帮助。

＊遗漏报告或报告过于不足。

第二，绩效周报及各种活动。

——每周都需要发行。

——由各部门的个人进行绩效评价。

——重视个人作业指导（1 对 1 的指导）。

第三，召开绩效成绩讨论会的方法。

——每周都需要召开。

——在固定的时间、场所召开。

——短时间内集中于作业绩效进行讨论。

——会议程序的例子（主持人为科长）

i）再次确认上次会议所决定的事项的执行情况（5 分）

ii）具体报告上周活动事项（5 分/小组）

iii）报告、讨论本周活动事项（5 分/小组）

iv）由主持人评价活动（5 分）

229

第四，根据绩效数据进行数据判断及具体讨论。

——在实际结果与实际情况的基础上讨论对策。

——提出本周的措施方案及活动计划。

——讨论会结束时各参加者表明决心及进行保证也极为重要。

7-5　高绩效安定期的活动

（1）高水准安定期的活动

当绩效达到高水准时，一般来说变动的幅度相对较小，绩效不再上升，问题也得到了减少。

由于绩效方面已经达到了国际水准，因此在该时期想要进一步提高生产率的话，改善的重点为方法改善和利用率（U）方面的改善。当然，如果由于生产新产品或新员工加入而造成绩效降低的话，第一线监督人员需要立刻采取具体的指导活动，让绩效恢复至高水准。绩效管理的本来目的正是这种持续性管理。而只有合理地维持、管理技术标准时间，才能让绩效管理不会沦落为暂时提高生产率的活动。

（2）提高预测、计划的精确度

稳定保持高绩效意味着只要使用该绩效的数据，就

可以提高以下各种工作的预测精确度。 因此我们常常将
其作为以下生产管理等方面的基础数据加以有效地
利用。

- 人员计划
- 设备操作计划
- 日程计划
- 成本估价
- 改善效果预测

（3）交货期、产量、质量、成本与绩效的关系

①与交货期的关系

各工厂的日程计划均由生产计划部门决定。 第一线
监督人员即现场方面只能按照规定的顺序完成规定的工
作。 因此从按期交货这点来看，生产现场只有两种选
择，一是通过高绩效，在最短时间内按照顺序完成工
作，一是如果有需要的话进行加班或者在非工作日上
班，增加工作工时。 这正是下面将介绍的"产量"的
问题。

②与产量的关系

产量是生产率与投入劳动量的乘积。 因此只要调节
"投入劳动量"即可调节产量。 然而第一线监督人员不
能擅自决定作业人数、加班或是在非工作日上班等工时
方面的调整，所能做到的只有将另一因素"生产率"维

持在高水准。 这即是提高、维持生产率的工作。

③与质量的关系

质量标准和质量水平由产品设计部门和质量管理部门决定，我们需要通过 QC 工序表（参照表 5-2）或如表 7-3 所示的作业指导书（作业标准书）等文件来明确在哪一步进行怎样检查、用怎样的方法将质量管理安排在各工序中。

在生产现场所能做到的是遵守作业标准和检查标准，认真、仔细地进行作业和检查，尽量不出现次品、不遗漏一个次品。 这也属于绩效管理的问题。

由于作业错误等责任在于作业人员的失误，而造成的次品会带来工时损失，所以努力减少次品与努力提高生产率从本质上来说是一致的。 即质量也是生产率的一部分。

④与成本的关系

最后让我们来看看绩效与成本的关系。 最近日本装配工厂的原材料费比例远远超过了 50%，其中一些贸易商工厂甚至达到了 80%～90%。 原材料费是由与客户签订的合同所决定的，在生产现场可以管理或改善的费用通常是指提高成品率和减少次品数量。

一般来说，第一线监督人员在生产现场可以管理到的成本中最多的是直接劳务费。 这便意味着与生产率的问题相关。

232

综上所述，在交货期、产量、质量、成本方面，第一线监督人员的职责——生产现场可以管理、改善的事项主要是下属作业人员的生产率，即作业绩效。

表 7-3　作业指导书例

| XX工厂 | | | | | | 新　　年　月　日　页　　／ | | | |

科长	工长	组长	作业指导书	产品编号	需要数量	设定·修改日期	填写人
				产品名称	分类编号		

No.	作业内容	质量		关键（正确与否、安全、难易度）	实际时间		周期
		检查	标准量度		分	秒	20 ~ /pcs
1	将10台装配完毕的机身取出并放置在作业台上。						标准储备数量
2	左手取3~4枚螺丝，拿至机身旁边，放置于手掌中。						
3	检查螺丝是否有问题，并用右手安装于机身上（3枚），剩下的螺丝放回箱内。	外观		螺丝尖端形状、螺丝尖端形状、是否有伤痕			标准储备 安全库存
4	用右手取机身，安装至压床下的治具中。						质量检查
5	取垫圈，安装在压床上。						实际时间
6	双手按下按钮开关						
7	将完成的机身从治具中取出，确认外观。有问题的产品送至Hold仓库保管。	外观	测隙规	螺丝尖端、机身与花头之间的缝隙			
8	将没有问题的成品装入硬纸箱。						
9	放入8个成品后盖上垫板，共放置4层。						
10	放置4层32个成品后，搬入成品货盘。						
	（在出货时进行抽查）						

233

第 8 章
各部门如何有效利用标准时间

8-1　制造部门

　　科学设定的技术性标准时间可以有效地提高作业绩效，但是当全公司的平均绩效超过 100%，达到 110%～120%的国际标准时，我们就无法再期待绩效继续提高了。

　　然而，由于绩效一直处于变化状态，因此我们需要不断地测定、管理绩效，一旦发现绩效有降低的迹象，需要马上采取必要的措施。这才是绩效管理的本质，因此我们需要重视维持、管理绩效的日常工作。只有做到这点，才能保证通过投资设备及改善方法获得的生产率提高的结果一直持续下去。

特别是改变方法时，或是设备条件发生变更时，或是生产新产品时，我们需要经常修改标准时间，并对管理、监督人员的管理努力程度进行合理的评价。可以说，维持、管理高水准绩效比提高绩效要轻松得多。

当绩效达到较高的国际标准时，我们就应该致力于改善标准方法、改善质量、缩短制作周期等方面。同时还可以通过减少等待材料及修复故障的时间、缩短整备时间等方法提高工时利用率。

这一时期的绩效较为稳定，很少会发生大幅度的变化，因此我们容易精确地制订未来预算、人员计划、设备投资计划、生产计划等等，同时也方便与其他工厂（包括外国工厂）比较生产率。

如今，某一全球化企业为了对日本、美国、加拿大、欧洲和中国等国家地区的工厂进行公平地评价，使用 PTS 法制作标准时间资料，并推进构筑了全球化的标准时间数据。

图 8-1 是工厂之间比较与制造相关的指数的例子，请参考。我们有必要注意到，表示生产时间和整备时间关系的生产时间比率的变化（取决于生产计划的好坏），设计变更的实施及由于生成新产品单位标准时间生产台数及售量的变化（取决于作业现场之外的外部因素）等，将会对包括每人每天生产台数在内的各工厂的盈亏情况产生很大影响。

236

A工厂、生产相关指数推移图

人员、台数 × 100

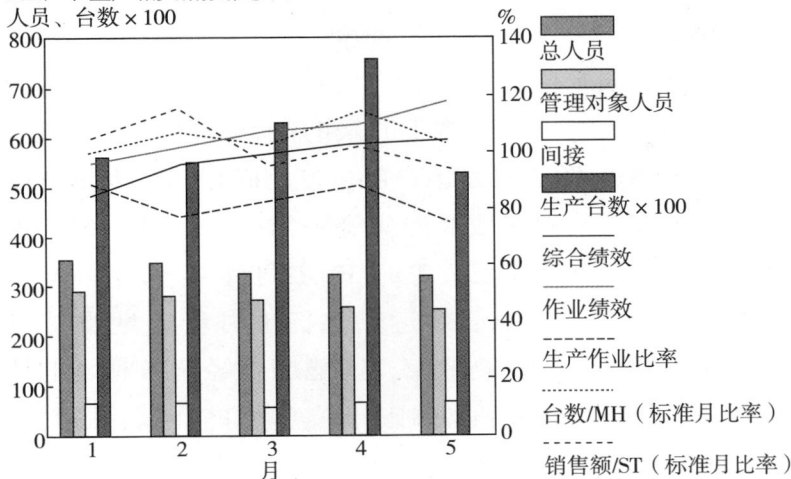

- 总人员
- 管理对象人员
- 间接
- 生产台数 × 100
- 综合绩效
- 作业绩效
- 生产作业比率
- 台数/MH（标准月比率）
- 销售额/ST（标准月比率）

B工厂、生产相关指数推移图

人员、台数 × 100

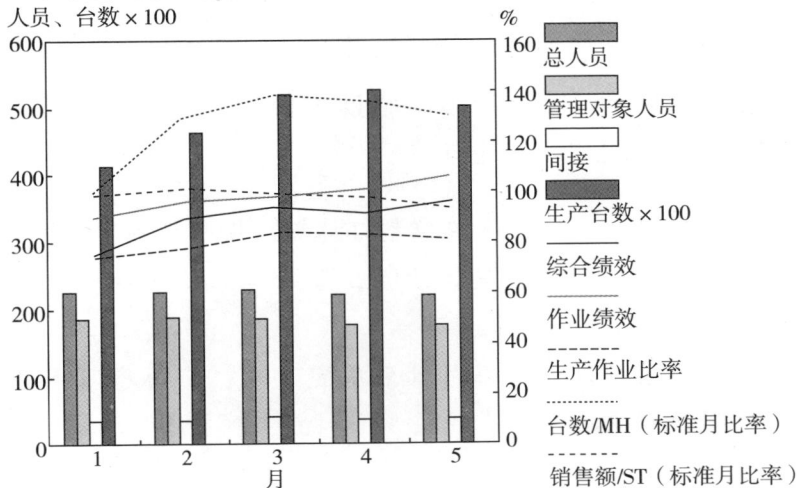

- 总人员
- 管理对象人员
- 间接
- 生产台数 × 100
- 综合绩效
- 作业绩效
- 生产作业比率
- 台数/MH（标准月比率）
- 销售额/ST（标准月比率）

图 8-1 各工厂生产率比较

8-2 生产管理部门

当作业绩效稳定下来时，我们可以通过绩效来修改标准时间，从而预测所需工时及时间，还可以提高该预测的命中率。除去开发新产品、使用新设备、大量录用不熟练工人、大幅度改变操作等异常时期以外，每月的绩效变动大多维持在正负2%~3%之间。

也就是说，只要绩效达到高标准并稳定地维持下去，就不但可以维持高效率，还能加强经营各领域的计划性，同时还可以精确地制订、实施生产计划、日程计划、负荷计划、人员计划、设备投资计划及预算等等。因此最好在这一前提下重新评价各种计划，或是所需设备、标准库存量等等。

表8-1以一览表的形式列举了各种标准的生产计划及目标、活动，这样可以减轻计划负责人的工作负担。同时，还需注意以下几点：

● 尽量以小的时间单位制订计划，提高精确度。

● 过早决定会丧失灵活性，最好等到快要执行时再制定计划。

● 目前可以通过每月计划决定事项，有时也可以通过每周计划来决定。

通常我们没有必要制订不需要的未来计划，因此计划的具体性和可信度也越来越高。

表 8-1 计划标准一览表

计划标准	计划目标	计划时间	先行时间	制订者	所需工作		
					计划（实施）事项	计划资料	准备零件
五次标准 ·期（半期）生产计划 ○基本方针	·长期能力标准	1年 （6个月）	1个月	生产管理	（由于和以前一样，在此省略） ·盈利计划 预算 ·定期录用临时工计划 ·库存标准 设备计划		
四次标准 ·3个月生产计划 ○合理安排整体负荷	·决定操作水平 ○人员安排多或不足	3个月	25天 （到上个月5号左右）生产会议	（厂长）	·增减负荷 补充库存 ·中途录用 轮班计划 ·区分内外作业	·营业要求 ·预测负荷 能力 ·长期计划	·本公司零件（2个月前订购）
三次标准 ·每月开工计划 （每月生产计划）（掌握每月的开工计划） ○安排人员、材料	·有效利用储存能力 ·为各部门安排合适人选 ·订购特殊零件（与交货期相关的零件） ·确定生产计划	1个月	25天 （到上个月5号左右）生产会议	计划负责人	·更改部门间的配置（包括机动班作业） ·区分内外作业 ·加班程度 ·生产种类 台数	·营业要求 ·各种类ST ·各组（各工种）ST ·3个月计划	定期订购 ·树脂 ·凝胶涂层 ·铁制产品 支架，汽缸头等 ·不锈钢产品 ·铸造物 ·特殊产品、零件（根据营业要求订购品） ○筹备
二次标准 ·周生产计划 （掌握每周的计划） ○作业指示 交付指示	·在工厂进行作业指示（对组长） ·订购、交付特殊零件的指示（与交货期相关的零件） ·分配作业	1周 （暂定为下周）	6日 （于周二发行）	计划负责人	·各组之间互相帮助（包括机动班） ·加班计划 ·决定优先次序 ·特殊零件的订购指令 ·更换模型的计划 ·生产种类 台数	·每月计划 ·每周管理 ·各组（各工种）ST	·玻璃 ·强化材料、木材 ·FRP零件（于暂定计划） ·交付指示
一次标准 ·每天的作业计划（利用黑板） ○调度（优先次序）	·每天的具体作业指示（针对每名作业员）	1天 （暂定第二天）	1天以内 （到前一天中午为止）	组长	·生产种类 ·作业顺序 ·人员（小组）配置 ·指示加班人员	·工厂信息 ·周生产计划	○从仓库发出零件

8-3 成本估计、成本计算部门

成本是指制造产品时所需要的材料费、薪酬、各种经费等。 计算制造产品时所需要的费用（制造成本）的程序一般被称为成本计算。 成本计算中涉及的制造成本加上企业整体管理费用——销售费和一般管理费——被称为各种成本。

一般来说，在日本与装配相关的制造业中，制造成本约占销售价格的80%，销售费和一般管理费约占12%~13%，营业利润只有5%~7%（欧美地区很多企业达到了10%）。

在占有绝大部分比例的制造成本中，材料费约为55%~60%，制造经营费（设备损耗费）约为10%~15%，劳务费约为10%左右（百分比是指在整体中所占的比例）。 而东南亚很多企业的劳务费低于5%。

F. W. 泰罗与 H. 爱默生等人研究、确立了可能达到的标准成本，并将其作为成本计算的基准。 也就是说，标准成本不是预算数值也不是目标数值，更不是过去的实际数值，而是反映了"理想的"成本。

只要维持了高标准绩效，理想成本与实际成本之间的差异就意味着出现了损失，同时也意味着只要努力消除两者间的差异，就可以防止损失发生。

标准成本是在现有制造系统（工作方法）的前提下

可期待达到的成本，只要制造系统等方面不发生变化，标准成本也不会发生变化。 这与根据标准时间进行管理是完全一致的，两者均基于科学的管理方法。

只要制订了标准成本，就可以明确在劳务费、材料费、动力费等方面的消耗量（使用量）及价格与标准成本的差异，并能有效地降低该差距。 此外，通过标准价格、标准薪酬等方面的设定、维护及管理可以明确购买价格差异和薪酬差异，同时也可以集中目标、降低差距。

成本管理系统每天都会总结在成本绩效等方面标准与实际的比率或差异，并进行定期报告（参照图 8-2）。这些损失与绩效管理中出现的损失一样，可以采取有效的措施来进行管理（本节参考了桥本贤一著作的《标准成本管理系统的设计及应用重点·实际业务研究教程》日本能率协会）。

8-4 设计部门

设计部门的主要职责包括设计、试制、批量生产新产品新设备时，考虑如何增加产品或设备的新功能、降低材料费及劳务费、提高质量等等。

除了达到产品性能、功能以外，还有一项工作也是设计部门的课题之一，即在设计生产性或装配性时，如何将产品或设备设计得更易于现场生产的工作。

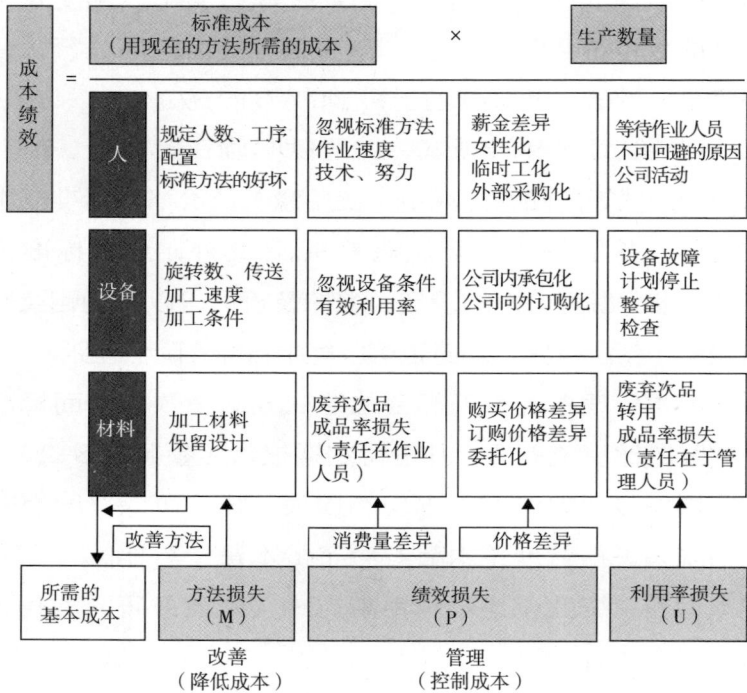

成本绩效	=	标准成本（用现在的方法所需的成本）				×	生产数量		

成本绩效 = 标准成本（用现在的方法所需的成本） × 生产数量

	人	规定人数、工序配置 标准方法的好坏	忽视标准方法 作业速度 技术、努力	薪金差异 女性化 临时工化 外部采购化	等待作业人员 不可回避的原因 公司活动
	设备	旋转数、传送 加工速度 加工条件	忽视设备条件 有效利用率	公司内承包化 公司向外订购化	设备故障 计划停止 整备 检查
	材料	加工材料 保留设计	废弃次品 成品率损失 （责任在作业人员）	购买价格差异 订购价格差异 委托化	废弃次品 转用 成品率损失 （责任在于管理人员）

改善方法 ← | 消费量差异 | 价格差异

所需的基本成本	方法损失（M）	绩效损失（P）	利用率损失（U）

改善（降低成本）　　管理（控制成本）

图 8-2　成本绩效与绩效损失

　　最近 CAD 系统发展得很快，我们可以将 3D 的 CAD 电子数据直接作为 CAM 数据输入工作机器或机器人中进行加工、焊接等。 同时，除了机器时间以外，还将作业人员的标准时间录入数据库中，模拟机器与人、机器与机器、机器与机器人、治具与零件等在路线与时间方面的相互干扰情况，并以方便生产、方便装配的设计为目标。 或者可以事先在办公室内讨论合理的半成品、缓冲

242

品数量等生产上的问题点以及人机学上（作业姿势和疲劳等）的问题点等等。

据报告，这些新系统可以解决生产性设计、装配性设计的课题，同时有效地减少试制的必要性，并能大幅度地缩短新产品和新设备的开发周期。

标准时间可以有效地应用于上述用途。当然，所使用的标准时间必须是正确的技术标准时间，而且需要进行维护管理，时刻保持最新数据。

图 8-3 是设计工序的计算机系统例，此类系统中都加载有加工顺序、作业条件以及必要的标准时间数据库。也就是说，CAD 也好，模拟也好，只有加载了正确的标准时间，才能成为有效的设计系统。

8-5　设备管理部门

在我们彻底执行绩效管理，让绩效维持在高水准的情况下，当设备发生故障而导致流水线停运时，由于作业人员马上会得到指示去完成其他有效作业，因此由故障带来的损失，即工时利用率的损失一般可以控制在较小的范围。

然而，有些流水线或工序的设备发生故障时，作业人员不能进行合适的作业，有时必须自己进行修理，有时只好干等着。特别是在以设备为中心的工厂，设备管

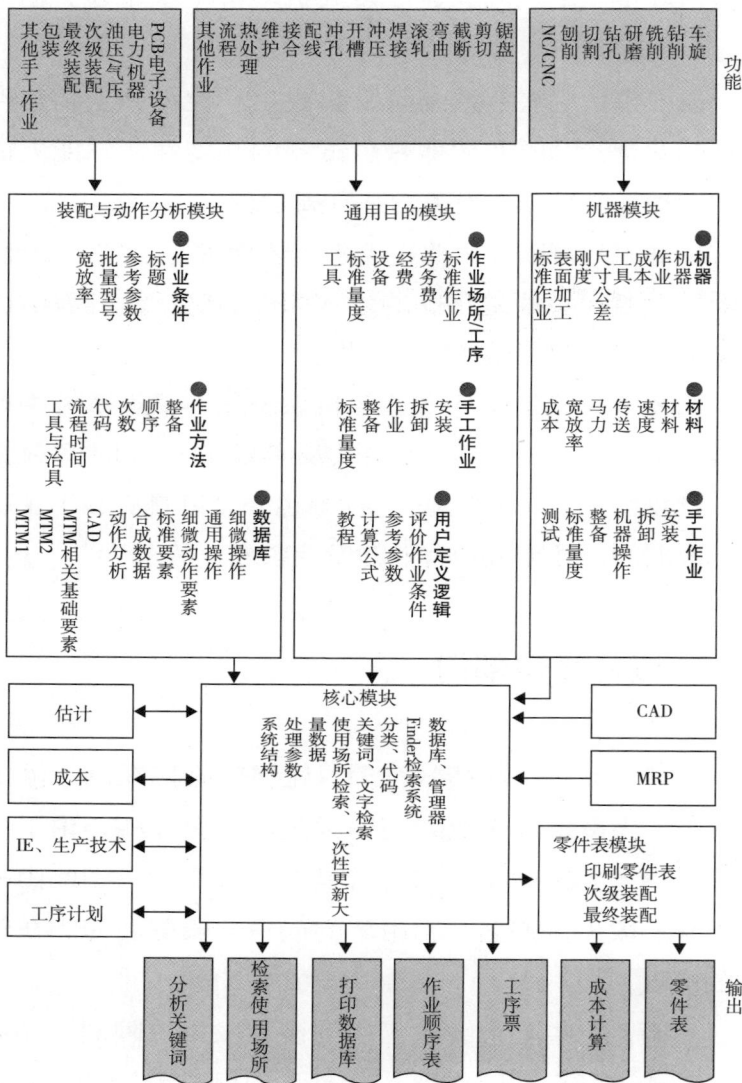

图 8-3　设计工序的计算机系统数据库

理部门贯彻执行预防、维护工作尤为重要。 为了提高设备运转率和工时利用率，除了进行定期检查、定期加油、定期交换消耗型零件及管理备件等工作以外，还需要针对故障频率高的单元寻找原因并进行个别改善，同时作业人员自身也需要在日常作业中积极主动地维护设备。

此外，在整备作业方面，有时我们会将标准作业方法应用于"简单整备"的范畴内，通过改善方法、制定标准时间，来管理整备作业的绩效。 此时在 SHIPS 的步骤中，我们需要设定所需人员来取代目标周期（TCT），同时贯彻外部整备，以同时作业为前提，尽量将整备作业设计为短周期作业。 图 8-4 通过改善前后的人机图表示了经过外部整备后得到的改善效果。

8-6 生产技术部门

标准作业方法和标准时间的维护管理通常是由生产技术部门来进行。 标准时间必须时刻反映生产系统的现状，这样才能正确地测定绩效。 然而在标准方法发生较大变化，或是生产新产品时，我们需要重新设定、修改标准时间。 同时我们还需要定期确认标准时间是否合理，当标准方法和生产条件发生较大变化时，需要修改标准时间。 具体来说，在以下情况下大多需要对标准时间进行修改。

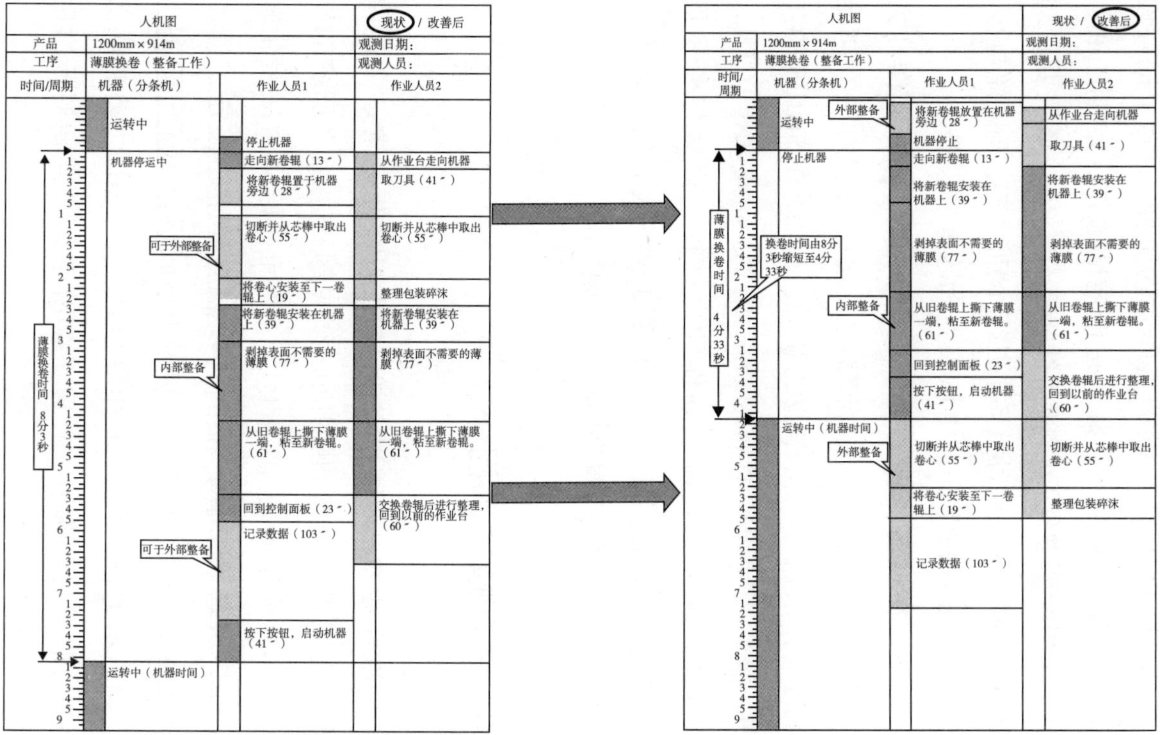

图8-4 整备作业改善例（改善前后的薄膜换卷作业）

- 更改、改善作业方法、顺序，使用机器、治具

- 更改、改善设备台数、配置人员、设备能力及配置

- 更改、改善材料、成品率

- 更改、改善生产批量、整备作业、包装单位、质量基准

- 使用新产品、新设备等等

需要修改标准时间的条件如上所示。 进行更改或改善的部门提出修改标准时间的要求，此类要求由生产技术部门集中管理，一旦标准时间的改变要求累积超过+10%时即可修改标准时间。

而为了使绩效管理成为持续的管理系统，我们需要每年定期检查标准时间及管理系统是否得到正确地运用。 检查委托票的例子如图8-5所示。 此外，修改标准时间的流程如图7-5所示，请参照。

对象产品			标准时间设定、修改检查票（定期：临时）		委托年月日		
对象工序					检查年月日		
作业名称					检查人		
	检查	变更内容	好坏	设定、修改、检查内容	委托人		
委托原因		作业方法、顺序				现标准时间	新标准时间
		标准设备、治具			基本时间		
		配置			宽放率		
		设备台数、平衡			合计工时		
		使用材料、成品率			标准员工数量		
		新产品、产品规格			标准工时		
		其他（设定错误等）			设备标准时间		
设定、修改、检查结果				草图			

图8-5　标准时间设定、修改、监查票

8-7　质量管理部门

我们可以根据作业是否依照作业标准执行来评价生产率，在质量方面也是一样，可以通过次品率或产出率等指标来进行评价。

在绩效管理中，有时会由于作业人员没能进行正确的作业或是没有检查，造成之后的工序出现次品或是需要返工。

此时需要从致使不良品产生的工序的完成量中减去出现差错的数量，或是将返工的工时视为导致不良品产生的工序及检查中遗漏不良品工序的责任。 表 8-2 所表示的是绩效管理中每月的次品废弃、返工工时和除外工时的报告例。

因此，除了次品率与产出率以外，我们还可以通过绩效的数值把握质量方面的问题，从工时的损失方面来理解是否是在正确遵守作业标准的情况下进行的作业，并掌握在质量方面损失了多少工时。

无论如何，从管理的观点来考虑的话，我们首先需要准确测定每天的实际成绩，并正确把握哪一部门和哪一负责人的责任较大。 我们经常可以看到次品原因平面图等等，然而把握哪一部门哪一班组的哪个人造成的次品较多也十分重要。

248

表 8-2 次品返工工时、除外工时报告

单位		废弃、修正次品工时								除外工时							
		合计		第 1 位		第 2 位		第 3 位		合计		第 1 位		第 2 位		第 3 位	
		MH	%	原因	MH	原因	MH	原因	MH	MH	%	原因	MH	原因	MH	原因	MH
制造 Y 科长	前月	1938	7.1	模型瑕疵	1120	毛刺	368	污浊	309	2750	7.8	不良材料	965	修正	534	修正模型	435
	前期	1503	7.5	毛刺	562	透明	453	模型瑕疵	123	2434	8.7	修正模型	1201	不良材料	654	设备故障	345
		2335	12.1	设计错误	1212	模型瑕疵	564	透明	342	2101	11.5	不良设计	1218	修正模型	781	不良材料	341
轮班 1	A 股长	304	6.3	模型瑕疵	104	毛刺	89	不良零件	86	419	8.7	不良材料	235	设备故障	145	修正模型	34
	B 股长	125	11.4	玻璃眼	73	毛刺	34	不良零件	32	365	8.3	不良材料	154	修正模型	67	配置变更	50
	C 股长	405	7.5	透明	221	模型瑕疵	135	污浊	95	389	8.3	实物调节	210	不良材料	89	整理整顿	69
轮班 2	D 股长	380	9.8	模型瑕疵	321	污浊	83	毛刺	23	568	12.6	不良材料	324	实物调节	128	设备故障	31
	E 股长	220	5.5	气泡	154	污浊	42	不良零件	11	396	9.9	修正模型	129	实物调节	104	修正模型	54
	F 股长	404	12.6	模型瑕疵	310	透明	57	玻璃眼	34	513	16	修正模型	235	不良材料	138	设备故障	38

249

这也是管理质量成本的基础。 也就是说，将质量成本分为失败成本、检查成本、评价成本之际，除了次品材料费的损失以外，还需要通过绩效管理系统统计返工工时和修改作业（比方说开箱、修改、再次包装）的工时，并将其归结于责任工序及负责人，这样可以方便各负责人采取具体的措施。

补充资料

<补充资料 1>

- 为 IE 的发展作出贡献的人及著作（主题）

中文名	英语名	相关书籍或主题	发行年
泰罗	Frederick W.Taylor	Time Study	1883
		The Principles of Scientific Management	1911
爱默生	H.Emerson	The Twelve Principles of Efficiency	1909
吉尔伯莱斯	Frank B. & Lilian M. Gilbreth	Motion Study	1911
		Micro Motion Study	1912
		Applied Motion Study	1917
		Fatigue Analysis 2nd Ed.	1919
		Motion Study for the Handicapped	1920

中文名	英语名	相关书籍或主题	发行年
瑟格	A.B.Segur	Predetermined Time Standard（＊1	1930
摩根森	A.H. Mogensen	Work Simplification	1932
		Common Sense Applied to Motion and Time Study	1932
梅纳德	Marold B. Maynard	Method Engineering	1930
		Operation Analysis	1939
		Methods Time Measurement	1948
		Mayanard's Industrial Engineering Handbook （＊2	2001
提佩特	L.H.C. Tippet	Snap Reading（＊1	1934
莫罗	R.L. Morrow	Ratio-Delay Study	1941
迈尔斯	H.J.Myers	Simplified Time Study	1944
巴恩斯	Rapgh M. Barnes	Work Methods Manual	1944
		Work Measurement Manual 3rd ed.	1947
		Motion and Time Study Applications	1953
		Motion and Time Study	1955
		Work Sampling	1956
芒德尔	Marvin E. Mundel	Systematic Motion and Time Study	1947
		Motion and Time Study. Principles and Practice	1951
		Motion and Time Study - Improving Productivity	1978
詹丁	K.B.Zandin	MOST Work Measurement Systems（＊3	1980

＊1）著作名不明确；＊2）2001 年的是第 5 版；＊3）参考文献 15 是第 2 版。

- MTM 的时间测定单位

1TMU	= 0.00001	小时
	= 0.0006	分
	= 0.036	秒
1 秒	= 27.8	TMU
1 分	= 1667	TMU
1 小时	= 100000	TMU

<补充资料 2>

- 本书所使用的简称

简称	全 称	解 说
3D	3 Dimension	3 维
5S		整理、整顿、清洁、清扫、训练的日语读音首字母 5S
5W 1H	Why, What, Who, Where, When, How	为何、何物、何人、何处、何时、何种方法。在发现问题和改善问题时经常提出这些问题。
APT	Automatic Programming Tool	NC 用的自动程序工具
BOM	Bill Of Material	零件表
CAD	Computer Aided Design	计算机辅助设计
CAE	Computer Aided Engineering	计算机辅助工程

253

简称	全 称	解 说
CAM	Computer Aided Manufacturing	计算机辅助制造
CAPES	Computer Aided Planning and Estimating System	计算机辅助计划规划系统
CAPP	Computer Aided Process Planning	计算机辅助工艺规程设计
CT	Cycle Time	周期
D	Delay	延迟
DM	Decimal Minute	1DM 表示 1/100 分(0.01 分)
ECRS	Eliminate, Combine, Rearrange, Simplify	改善四项原则——排除、结合、更换顺序、简化
F	Fatigue	疲劳宽放
GT	Group Technology	成组技术。在设计产品时使用的形状分类等方法。
H	Hour	为了区分时间、每小时，将机器时间作为设备标准时间的单位 H。
IE	Industrial Engineering	工业工程学、工业管理学
LB	Line Balance	流水线平衡、编成效率
M	Method	方法、制造方法
MH	Man Hour	工时的单位
MOST	Maynard Operation Sequence Technique	PTS 法之一，其特点是分析速度极快。
MRP	Material Requirement Planning	物料需求计划
MTM	Material Time Measurement	普及率最高的 PTS 法

254

（续表）

简称	全 称	解 说
NC	Numerical Control	数控。有时也可做数控机器的简称。
OCR	Optical Card Reader	光学读卡器
P	Personal	生理宽放
PDCA	Plan Do Check Action	计划、实施、评价、改善。管理循环。
PDF	Portable Document Format	Adobe Systems 公司开发的阅读电子文书的软件
PDM	Product Data Management	管理产品相关数据的系统
PQ	Product Quantity	产品产量
PTS	Pre-determined Time Standard	预定时间系统
QC	Quality Control	质量管理
SHIPS	Strategic High Productivity System	为提高系统生产率的程序（日本能率协会咨询推荐）
SIM	Simulation	模拟
ST	Standard Time	标准时间
SYS	System	系统
TCT	Target Cycle Time	目标周期
TMU	Time Measurement Unit	MTM 等的时间单位。1MTU 为 0.036 秒。
TPM	Total Produtive Maintenance	全面生产维护
U	Utilization	利用率、运转率
VR	Variety Reduction	减少多样性。即为了减少产品或零件种类的方法。

255

参考文献

1） 梅纳德、斯坦门丁、斯沃伯合著：《方法时间设定法（MTM）》，技报堂，1956 年。

2） 国际劳动机关（ILO）：《作业研究便览》，日本生产率本部，技报堂，1959 年。

3） R. M. 巴恩斯著，大坪檀译：《动作时间研究》，日刊工业新闻社，1960 年。

4） 中岛誉富：《经营的标准时间·基础篇》，日本能率协会，1960 年。

5） 中岛誉富：《经营的标准时间·机器篇》，日本能率协会，1960 年。

6） 中岛誉富：《经营的标准时间·铸件篇》，日本能率协会，1960 年。

256

7）远藤健儿等:《作业测定》，金原出版株式会
社，1960 年。

8）M. E. 芒德尔著，山内二郎译:《动作·时间研究
的理论与实际》，纪伊国层书店，1961 年。

9）F. W. 泰罗著，上野阳一译:《科学管理方法》，
产能大出版社，1966 年。

10）津村丰治:《标准时间的设定方法》，日刊工业
新闻社，1970 年。

11）门田武治:《包装、高度生产率的秘密》，日本
能率协会管理中心，1973 年。

12）日本能率协会编:《改善作业的技术 方法工程学
（上、下）》，日本能率协会，1974 年。

13）坂本重泰:《新版实际测定作业》，日本能率协
会，1983 年。

14）R. M. 巴恩斯著，大坪檀译:《最新动作时间研
究》，产能大出版部，1990 年。

15）Kjell B. Zandin, Most Work Measurement
Systems：Basic Most， Mini Most， Maxi Most（Industrial
Engineering）2nd ed， Marcel Dekker Inc， 1990.

16）桥本贤一:《技术人员的标准成本管理系统》，
日本能率管理中心，1991 年。

17）K. B. 詹丁著，坂本重泰译:《新版 MOST 划时
代的标准时间设定法》， 日本能率协会管理中心，

257

1993 年。

（参考文献 15 的翻译版）

18）梅纳德编，日本能率协会 IE 指南翻译委员会译：《IE 指南第四版》，日本能率协会管理中心，1994 年。

19）门田武治：《修订 ORDLIX 裁减人员的新方法》，日本能率协会管理中心，1995 年。

20）Kjell B. Zandin（著），Harold Bright Maynard（编），Maynard's Industrial Engineering Handbook，5th edition（Mcgraw－Hill Standard Handbooks），Mcgraw－Hill，2001.

东方出版社助力中国制造业升级

定价：28.00 元

定价：32.00 元

定价：32.00 元

定价：32.00 元

定价：32.00 元

定价：32.00 元

定价：30.00 元

定价：30.00 元

定价：32.00 元

定价：28.00 元

定价：28.00 元

定价：36.00 元

定价：30.00 元

定价：32.00 元

定价：32.00 元

定价：32.00 元

定价：38.00 元

定价：26.00 元

定价：36.00 元

定价：22.00 元

"精益制造" 专家委员会

东方出版社

广州标杆精益企业管理有限公司

標杆精益®
BENCHMARK LEAN

人民东方出版传媒
People's Oriental Publishing & Media
东方出版社
The Oriental Press

"制造业内参" 手机端内容面市

双渠道，让你和世界制造高手智慧同步

1 丨 今日头条号：日本制造业内参
每天 10 点，免费获取日本制造业前沿资讯

2 丨 微信公号："制造业来啦"
得到日本制造业内部资讯，专家课程、独家专栏

3 丨 日本制造业·大师课

已上线课程：

- 片山和也：
  《日本超精密加工技术》
  10 节课，带你掌握下一代制造业的核心方法论

- 山崎良兵、高野敦、野々村洸：
  《AI 工厂：思维、技术 13 讲》
  学习先进工厂，少走 AI 弯路

即将上线课程：

- 国井良昌：《设计、技术、工艺、研发人员·晋升 12 讲》
  成为技术部主管的 12 套必备系统
- 《AR、MR、VR 的现场开发和应用》
- ……